경건의 시간

나 곧 내 영혼이 여호와를 기다리며
내가 그 말씀을 바라는도다. (시 130:5)

네비게이토 선교회는
국제적이며 복음적인 기독교 기관이다.
예수 그리스도께서는 자기를 따르는 자들에게
"너희는 가서 모든 족속으로 제자를 삼으라"
(마태복음 28:19)는 지상사명을 주셨다.
네비게이토 선교회는 세계 모든 국가에서
예수 그리스도의 일꾼들을 배가시켜
이 지상사명의 성취를 돕는 것을
근본 목표로 하고 있다.

네비게이토 출판사는
네비게이토 선교회의 문서 선교를 담당하고 있다.
본 출판사에서는 그리스도인의 영적 성장을 돕는
서적과 자료들을 출판하여,
그리스도인의 삶의 기초가 견고한
헌신된 제자로 성장하게 하고,
나아가 성숙한 인격과 지도력을 갖춘
일꾼이 되도록 돕고 있다.

Originally published as **Appointment with God**
ⓒ 1973 by The Navigators. Translated by
permission of NavPress, Colorado Springs, CO, USA.
All rights reserved including translation.
Korean Copyright ⓒ 1985
by Korea NavPress.

경건의 시간

TO KNOW CHRIST AND TO MAKE HIM KNOWN

차 례

머리말 7

제 1 부 주님과의 교제 9

    1 교제의 주도자이신 하나님 11
    2 교제의 목적 15
    3 교제의 필수 요소 19
    4 방 법 25
    5 계 획 35
    6 지속적인 발전 39

제 2 부 실천 계획 61

머리말

예수 그리스도를 알고 나서 당신은 일찍이 경험할 수 없었던 가장 신나고 활기가 넘치는 관계를 맛볼 수 있게 되었습니다. 그러나 이러한 관계는 저절로 유지되고 발전되는 것이 아닙니다. 이것은 세심한 주의와 노력을 필요로 하며 계획이 없이는 이루어질 수 없는 것입니다.

> 자신의 성품을 통하여 그리스도를 가장 밝히 드러내고, 세상 사람들에게 가장 강력하게 그리스도를 심어 준 사람들은 모두 하나님과의 교제가 자신들의 삶의 두드러진 특징이 되어 버릴 만큼 하나님과 함께 많은 시간을 보낸 사람들입니다.… 하나님과의 교제가 적다는 것은 그만큼 하나님을 위해 하는 일도 적다는 뜻이 됩니다.
>
> E. M. 바운즈

'매일의 헌신'이나 '새벽 기도,' 또는 '경건의 시간,' '하나님과 매일의 약속'…등으로 불리는 이 시간을 당신은 예수 그리스도와의 생명력 넘치는 친밀한 관계를 세워 나가는 한 방법으로 활용해야 합니다.

한 개인이 예수 그리스도를 자신의 구주로 영접함으로써 하나님의 자녀가 되는 순간부터 그는 하나님과 새로운 관계를 맺게 됩니다. 그때부터 하나님과의 관계를 더욱 적극적으로 계발시켜 나가는 일은 그리스도인 각자에게 달려 있습니다. 본 책자는 이러한 관계에 대하여 설명해 주며, 또한 예수 그리스도와의 관계에서 좀 더 성숙하기 위한 당신 자신의 계획을 세우는 데 필요한 자료들을 제공함으로써, 이 계획을 실행에 옮길 수 있도록 도와줄 것입니다.

제 1 부

주님과의 교제

새벽 오히려 미명에 예수께서 일어나 나가
한적한 곳으로 가사 거기서 기도하시더니. (막 1:35)

제 1 장
교제의 주도자이신 하나님

만유의 창조주이신 하나님은 인류 역사를 통하여 사람과 하나님 자신과의 관계를 처음부터 주도해 오셨습니다.

하나님께서는 함께 교제를 나누기 위하여 자신의 형상을 따라 인간을 창조하셨습니다. 사람은 하나님과 하나님의 영광을 위하여 창조된 것입니다. 좀 더 자세히 말하면 모든 인간은 하나님과 개인적으로 교제를 나눌 수 있으며 또 나누어야 할 필요가 있는 존재로 창조되었습니다. 그러나 하나님을 떠나서 자기 마음대로 살고자 했던 인간의 죄는 하나님과의 분리를 초래했고, 그로 말미암아 인간은 하나님과의 본래의 관계를 회복하지 않으면 안 되었습니다.

이 관계 회복을 위해 주도권을 쥐셨던 분도 역시 하나님 자신이셨습니다. 하나님은 예수 그리스도로 말미암아 우리를 하나님과의 영원한 교제 가운데 다시 거할 수 있도록 계획하셨던 것입니다. "우리가 아직 죄인 되었을 때에 그리스도께서 우리를 위하여 죽으심으로 하나님께서 우리에게 대한 자기의 사랑을 확증하셨느니라"(로마서 5:8). 십자가는 죄로 말미암아 끊어졌던 이 관계를 다시 회복할 수 있도록 해주었습니다.

아담이 범죄한 후에 "네가 어디 있느냐?"(창세기 3:9) 하시며 그를 찾으시던 그 하나님은 지금도 그때와 똑같이 "네가 어디 있느냐?"고 하시면서 사람들을 찾고 계십니다. 그 당시에 진리였던 것은 오늘날에도 진리입니다. 큰 희생을 치르시고 하나님의 가족의 일원이 될 수 있는 관계를 가능케 해주셨던 하나님은 지금도 여전히 당신을 사랑하시며 당신과 개인적인 관계를 맺기 원하고 계십니다. 당신이 그리스도를 당신의 삶 가운데 모셔 들여 당신의 죄 문제에 대한 하나님의 해결책을 받아들이는 순간부터 이 관계는 시작됩니다.

하나님께서는 당신을 찾고 계십니다. 하나님은 당신이 행하는 외적인 어떤 의식이나 활동보다도 당신과의 개인적인 교제를 원하고 계십니다.

하나님께는 당신이 어떤 일을 하느냐보다 왜 그 일을 하느냐가 더욱 중요한 것입니다. "아마샤가 여호와 보시기에 정직히 행하기는 하였으나 온전한 마음으로 행치 아니하였더라"(역대하 25:2). 사람은 외모에 관심이 있지만 하나님은 마음의 태도에 관심을 가지고 계십니다. "사람은 외모를 보거니와 나 여호와는 중심을 보느니라"(사무엘상 16:7).

잘못된 동기로 올바른 일을 할 수 있는 사람이라면 또한 옳지 못한 일을 할 수도 있는 사람입니다. 하나님께는 일의 결과뿐만 아니라 그 과정도 중요합니다. 왜냐하면 그 태도를 형성하고 드러내는 것은 바로 그 과정이기 때문입니다. 어떤 의사가 과거에 얼마나 병을 잘 진단해 냈는지에 상관없이 그가 명확한 근거를 바탕으로 하지 않고 순전히 요행을 바라고 진단을 내렸다는 사실이 드러난다면 어떤 환자가 그 의사를 찾아가겠습니까? 그러므로 일의 과정도 그 결과만큼이나 중요한 것입니다. 하나님을 알고자 하는 열망과 사랑 이외의 어떤 다른 동기로 하나님과의 관계를 발전시켜 나가기 시작한다면 그것은 무익한 것입니다. 사랑까지도 하나님께서 먼저 시작하셨습니다.

> 사랑은 여기 있으니 우리가 하나님을 사랑한 것이 아니요, 오직 하나님이 우리를 사랑하사 우리 죄를 위하여 화목제로 그 아들을 보내셨음이니라.
>
> 요한일서 4:10

"여호와의 분깃은 자기 백성이라"(신명기 32:9). 하나님께서는 우리로 자기의 분깃을 삼기 원하십니다. 그 이유는 단지 우리를 사랑하시기 때문입니다. 다른 이유는 없습니다. 하나님은 바로 당신을 원하십니다.

제 2 장

교제의 목적

사람이라면 누구나 성장할 수 있는 데까지 최대한 성장하고 싶은 열망이 있습니다. 예수님이 모든 영역에서 성장을 하셨던 것과 마찬가지로 당신도 지적으로, 육체적으로, 영적으로, 사회적으로 성장해 나가야 합니다. "예수는 그 지혜와 그 키가 자라 가며 하나님과 사람에게 더 사랑스러워 가시더라"(누가복음 2:52). 그러나 하나님의 기록된 말씀을 통한 주님과의 밀접한 개인적인 관계가 없이는 당신은 영적으로 성장해 갈 수 없습니다.

> 갓난아이들같이 순전하고 신령한 젖을 사모하라. 이는 이로 말미암아 너희로 구원에 이르도록 자라게 하려 함이라.
> 베드로전서 2:2

각 사람마다 특정한 소질과 재능이 있듯이 하나님께서는 각 개인에게 특정한 영적 은사를 주셨습니다. "각각 은사를 받은 대로… 서로 봉사하라"(베드로전서 4:10). 이 은사들은 그리스도와의 개인적인 관계 및 봉사의 일을 통해서 계발되는 것입니다. 하나님께서 당신에게 특별한 은사를 주시기로 계획하신 것은 그 심중에 어떤 목적을 가지고 계셨기 때문입니다. 만약 하나님께서 주시는 목적에 맞게 제 기능을 발휘한다면 당신은 모든 면에서 부족함이 없게 될 것입니다. 하나님의 영원하신 목적은 속박과 무질서가 아니라 자유와 질서인 것입니다.

하나님과의 관계를 등한시하는 사람들이 있는데, 결과적으로 그들은 영적으로 미성숙한 가운데 머물러 있게 됩니다. 하나님은 당신이 어떤 영역에서는 장점을 갖도록 해주셨지만 다른 몇몇 영역에서는 약점도 가지도록 하셨습니다. 주님과의 관계를 등한히 하게 되면 약점들이 당신을 지배하기 시작하고, 장점은 힘을 잃어버리게 됩니다. 주님께서는 당신 삶의 모든 영역에 걸쳐 결코 부족함이 없으신 분이십니다.

> 그 안에는 신성의 모든 충만이 육체로 거하시고, 너희도 그 안에서 충만하여졌으니, 그는 모든 정사와 권세의 머리시라.
>
> 골로새서 2:9-10

그러나 만약 당신이 주님과의 친밀한 관계를 계발시켜 나가지 않는다면 당신은 그리스도의 충만하심을 누리지 못할 것입니다.

인간이 환경을 오염시키는 것처럼 죄는 당신과 하나님 사이의 관계를 흐려 놓습니다. 자연으로부터 필요한 것을 얻으려는 인간의 조급한 마음은 무분별하게 자연의 균형을 깨뜨렸으며, 이제는 자연을 아주 깡그리 파괴하고 있습니다. 인간이 자신들의 잘못을 깨닫게 되었다 하더라도, 자연의 미묘한 균형을 즉시 회복시키기란 불

가능한 일입니다. 이와 마찬가지로, 우리가 하나님과의 관계를 등한히 해왔다는 사실을 깨닫게 되었다 하더라도, 하나님과의 성숙한 관계를 가꾸어 나가기 위해서는 시간이 필요하고 집중된 노력이 요구됩니다. 죄를 자백함으로써 하나님과의 교제를 즉시 회복할 수 있는 것은 사실이지만(요한일서 1:9), 하나님과의 질적인 관계는, 자연의 미묘한 균형처럼, 회복하는 데 시간이 걸립니다.

그리스도와의 성숙한 관계를 발전시키지 않고서는, 주위에 있는 사람들과 조화를 이루어 갈 수 없을 것입니다. 이러한 관계가 없이는, 다른 사람들과 올바른 관계를 가진다거나 자신을 용납하는 일도 불가능해집니다. 뿐만 아니라, 얼마 못 가서 주위 환경의 지배를 받게 되고, 당신 나름대로 세운 기준에도 미치지 못하는 초라한 삶을 살게 됩니다. 주님과의 관계를 등한시하는 것은 결코 아름다운 모습이 아닙니다.

이와 반대로, 주님과 친밀한 관계를 발전시켜 나갈 때 당신이 누리는 축복은 너무도 많습니다. 계속적으로 하나님을 알아 가고 하나님의 가치관에 대해서 더 많은 것들을 배워 감에 따라 다른 사람들과도 올바른 관계 가운데 지낼 수 있게 됩니다. 성경에 말씀하신 대로 하나님께서 당신을 받아 주신다는 것을 알기 때문에 당신 스스로도 자신을 용납할 수 있게 됩니다. 뿐만 아니라 하나님께서 삶을 주관하시며 당신을 사랑하신다는 것을 알고 있기에 어떠한 환경이라도 이길 수 있습니다. 주님께서는 또한 주님이 기뻐하시는 삶을 살 수 있는 힘을 당신에게 주십니다. 그리스도를 삶의 중심에 모시게 되어 당신은 그리스도의 충만하심을 맛볼 수 있습니다. 영원불변한 하나님의 말씀은 당신의 삶의 길잡이가 되어 줄 것입니다. "모든 성경은 하나님의 감동으로 된 것으로… 이는 하나님의 사람으로 온전케 하며 모든 선한 일을 행하기에 온전케 하려 함이니라"(디모데후서 3:16-17). 이러한 관계는 기도와 묵상을 통하여 계속 새로워집니다. 그리스도인의 교제에 함께함으로써 다른 사람들과의 관계도 그 의미를 더해 가게 될 것입니다. 그리스도와의 개인적인 관계가 깊어지면 그 자연스러운 결과로 그리스도를 다른 사람들에게 전파하는 일이 나타나게 됩니다. 그리스도와의 개인적인 관계를 발전시키려는 목적은, 그리스도를 알고, 세상에 그분의 사랑을 알리는 통로가 되고자 하는 데 있습니다.

우리는 시편 1편에서 진정으로 하나님을 알기 원했던 한 사람을 찾아볼 수 있습니다. "복 있는 사람은 악인의 꾀를 좇지 아니하며, 죄인의 길에 서지 아니하며, 오만한 자의 자리에 앉지 아니하고, 오직 여호와의 율법을 즐거워하여 그 율법을 주야로 묵상하는 자로다. 저는 시냇가에 심은 나무가 시절을 좇아 과실을 맺으며 그 잎사귀가 마르지 아니함 같으니, 그 행사가 다 형통하리로다"(시편 1:1-3). 성공적인 관계의 열쇠는, 하나님을 아는 것은 하나님에 대해서 아는 것과는 다르다는 사실을 깨닫는 데 있습니다.

제 3 장

교제의 필수 요소

건물을 짓는 데 없어서는 안 될 자재들이 있듯이 관계를 발전시키기 위해서도 소홀히 할 수 없는 필수 요소들이 있습니다. 이 요소들은 성공적인 관계를 발전시키는 기초가 됩니다. 오늘날 이러한 관계는 참으로 성공적인 결혼생활에서 그 예를 찾아볼 수 있습니다. 에베소서 5장에서 볼 수 있는 남편과 아내 사이의 사랑과 복종과 질서의 관계는, 당신이 그리스도와 더불어 가질 수 있는 관계를 잘 보여 줍니다. 그런데 부부간의 좋은 관계 형성에 필요한 필수 요소들이 빠져 있는 부부들이 많이 있습니다. 그 결과는 너무도 뻔한 일입니다.

상호 간에 좋은 관계를 형성하기 위해서는 적어도 다섯 가지의 필수 요소가 있어야 합니다. (1) 시간, (2) 의사소통, (3) 환경, (4) 태도, (5) 목표.

(1) 시간

어떤 것에든지 성장을 하려면 시간이 필요합니다. 어떤 사람을 알고자 한다면 그 사람과 함께 시간을 보내야 합니다. 그와의 관계

를 의미 있는 관계로 발전시켜 나가기 위해서는 지성뿐만 아니라 감정도 수반되어야 하는 법입니다. 어떤 종류의 관계를 막론하고 그 관계를 성숙 발전시키기 위해서는 시간이 필요한데도, 유독 예수님과 함께 보내는 시간은 종종 무시되고 있습니다. 예수님께서 어떻게 생각하실까를 앎으로써 예수님과 같은 마음을 가지게 되는 것이 필요합니다. 예수님께서 우리를 속속들이 알고 이해하시는 것처럼, 우리 각 사람도 예수님을 알고 이해하는 면에서 자라 가야 합니다.

(2) 의사소통

상호 간의 의사소통은 관계를 발전시켜 나가는 데 있어서 필수 요소입니다. 어떤 사람과 아무리 가까이 있다고 하더라도 대화가 없으면 서로를 잘 알 수 없을 것입니다. 대화야말로 의사 전달의

기본 수단이기 때문입니다. 먼저, 듣는 것부터 계발해야 하는데, 이것이 바로 이해의 열쇠가 되기 때문입니다. 상대방의 말을 들을 때는 그가 이야기할 수 있는 것과, 이야기할 수 없는 것과, 이야기하지 않으려는 것까지도 다 들을 줄 알아야 합니다. 상대방이 이야기하는 것을 귀담아듣지 않고서는 결코 그를 이해할 수 없으며, 당신의 말을 그가 들었다고 생각되기 전까지는 결코 그가 당신을 이해하고 있다는 생각이 안 들 것입니다.

하나님께서는 기록된 성경 말씀과 내주하시는 성령을 통하여 당신에게 말씀해 주시며, 당신은 기도를 통해서 하나님께 아뢸 수 있는 특권을 가지고 있습니다. 하나님께서는 당신의 삶의 모든 영역, 즉 아주 사소한 일에까지도 관심을 가지고 계시다는 사실을 기억하십시오.

진정한 의사 전달은 말뿐만 아니라 감정까지도 전달하는 것입니다. 많은 부부들이 결혼 생활에서 감정이 들어 있지 않은 정보만을 교환하는 경우가 있습니다. 이런 일이 계속되면 곧 서로를 진정으로 이해할 수 없게 되고 맙니다. 오랫동안 서로 침묵을 지켜 두 사람 사이에 장벽이 생기게 해서는 안 됩니다. 양편이 다 의사 교환에 참여해야지 어느 한 쪽만 참여하는 것으로는 불충분합니다.

(3) 환경

우리는 어떤 사람을 여러 환경 가운데서 관찰할 때 그를 잘 알 수 있습니다. 그러므로 그를 알기 위해서는 그와 함께 다양하게 시간을 보낼 필요가 있습니다. 그 사람의 마음속에 있는 것을 알기 위해서는 갖가지 다른 상황에서 그의 반응을 관찰해야 합니다. 어떤 사람의 생각을 아는 것은 쉬운 일이 아닙니다. 그러려면 즐거운 시간뿐 아니라 힘든 시간도 함께 보내야 합니다. 제자들은 여러 다양한 상황을 통해서 예수님을 알게 되었습니다.

> 예수님이 열두 제자를 처음 택하셨을 때 무엇보다도 '그들을 자기와 함께 있게 하셨다'고 특별히 기록하고 있습니다(마가복음 3:14). 거의 3년 동안 이 제자들은 교실이나 강단 등의 제한된 상황 안에서 접촉했던 것이 아니라, 생활의 모든 영역에 걸쳐 폭 넓은 접촉을 가졌습니다.
>
> W. 개러트

어떤 관계에서든 우리는 삶 자체를 나눕니다. 우리의 삶과 여러 가지 환경을 따로 분리해서 생각할 수는 없습니다. 삶이란 환경 속에서 전개되고 또한 그 속에서 의미를 띠기 때문입니다.

(4) 태도

태도는 주어진 상황에 어떻게 접근하느냐를 결정짓기 때문에 어떤 관계에서나 중요한 요소가 됩니다. 만약 어떤 일에 대해 시간을 들일 만한 가치가 없다고 생각하고 있다면, 그 일에 아무리 많은 시간을 쏟아 붓고 있다 해도, 결코 최선을 다하지는 않을 것입니다.

하나님과의 관계야말로 당신의 최선을 다할 만한 가치가 있습니다. 하나님께서 이미 자신의 최선을 다하셨습니다. 자기의 가장 좋은 것을 주셨습니다. 아들이신 예수님을 주신 것입니다. 그리고 이 예수님께서 당신과 교제와 친교를 나누시려고 기다리고 계십니다. "볼지어다, 내가 문 밖에 서서 두드리노니…"(요한계시록 3:20). 이제 우리도 주님과의 관계 발전을 위해 우리의 최선을 다해야 합니다. 우리의 가장 좋은 것을 드려야 합니다.

사람들 간의 관계에 있어서도 서로를 존경하는 태도는 서로를 아는 지식에 기반을 두고 있습니다. 상대방을 아는 지식에는 좋은 것과 싫은 것은 물론 성공한 일과 실패한 일 및 그의 포부까지도 다 들어 있어야 합니다. 관계를 확립해 나가는 데 있어서 올바른 태도는 그 관계를 발전시키는 근본이 됩니다.

(5) 목표

많은 사람들이 너무나 자주 목표도 방향도 없이 일을 시작합니다. 그래서 흔히 겪는바, "공허한 결과"를 얻고 나서야 '왜 이럴까?' 하고 의아하게 생각합니다. 목표가 분명치 않았기 때문에 분명한 결과를 얻을 수가 없는 것입니다. 관계를 형성하는 일은 당신의 생의 목표와도 연관이 되어 있어야 합니다. 무엇이 올바른 생의 목표가 되겠습니까? 예수님의 말씀에서 찾아봅시다. "내가 하늘로서 내려온 것은 내 뜻을 행하려 함이 아니요, 나를 보내신 이의 뜻을 행하려 함이니라"(요한복음 6:38-39상). 우리도 예수님처럼 생의 목표를 우리를 향한 하나님의 뜻을 행하는 데 두어야 합니다. 주님과 긴밀한 관계를 발전시켜 나갈 때 주님께서는 당신을 향한 주님의 뜻을 보여 주실 것입니다. 그리고 생의 목표를 오직 주님의 뜻을 행하는 것에 둘 때, 주님과의 관계도 활기가 넘치게 될 것입니다.

시간, 의사소통, 환경, 태도 및 목표는 좋은 관계를 형성하기 위해서 없어서는 안 될 다섯 가지 기본 요소입니다. 이것들은 너무도 자주 소홀히 했던 주님과의 관계를 발전시켜 나가는 데에도 기본이 됩니다.

제 4 장

방 법

실제로 적용할 방법이 없는 원리들은 공허한 이상에 그치고 맙니다. 그러므로 관계를 발전시켜 나가기 위한 필수 요소들을 실천에 옮길 방법들을 연구하는 것은 중요합니다. 필수 요소들의 바탕 위에 세워진 창의적인 방법들은 계속적으로 주님과의 생명력 있는 관계를 가능하게 해줄 것입니다.

처음부터 필수 요소와 방법 간의 차이점을 이해해 두는 것이 중요합니다. 필수 요소가 빠져 버리면 예수님과의 관계는 활기가 없고 무기력해질 것입니다. 반면 방법은 하나로 통일되어 있지 않습니다. 모든 사람이 반드시 같을 필요가 없습니다. 언제든지 변형시키거나 바꾸거나 또는 결합하여 사용할 수도 있고, 창의적으로 새로운 방법들을 고안해 낼 수도 있습니다. 만약 당신이 한 가지 방법 또는 몇 가지 방법만을 고수한다면 그 결과는 틀에 얽매인 메마른 관계가 될지도 모릅니다. 이런 교제는 예수님 자신을 알아 가는 것보다는 어떤 방법을 실행하는 것으로 만족하는 함정에 빠지기가 쉽습니다. 흔히 이 때문에, 성경을 읽고 기도하는 데 시간을 보내기는 하지만 그리스도와의 생명력 있는 관계는 발전시켜 나가지 못하고 있는 사람들이 많습니다.

어떤 일을 올바로 수행해 나가자면 먼저 결심부터 해야 합니다. 당신이 실제로 예수 그리스도와 교제하기를 원하고 있는지 자신에게 물어 보십시오. 결심을 한 다음에는 주님과의 교제를 발전시켜 나가는 데 필요한 일에 자신을 드리십시오. 또한 당신이 잘할 수 있도록 격려해 줄 수 있는 신실한 친구에게 당신의 결심을 알리는 것도 좋습니다.

모든 사람은 공평하게 일주일에 168시간을 부여받았습니다. 그 중에 일부는 하나님과 함께 보내는 교제 시간으로 따로 떼어 놓아야 합니다. 이제 실제적으로 하나님과 매일 만나 교제할 약속을 하는 것이 어떻겠습니까?

실제로 하나님과 만나기 전에 미리 교제 시간과 장소를 정해 두는 것이 중요합니다. 가급적이면 방해받지 않는 조용하고, 단둘이서만 이야기할 수 있는 장소와, 당신에게 가장 좋은 시간을 택해야 합니다.

다윗은 "여호와여, 아침에 주께서 나의 소리를 들으시리니 아침에 내가 주께 기도하고 바라리이다"(시편 5:3)라고 결심했습니다. 또한 그는 시편 143:8에서도 하나님과 매일 만날 약속을 말하고 있습니다. "아침에 나로 주의 인자한 말씀을 듣게 하소서. 내가 주를 의뢰함이니이다. 나의 다닐 길을 알게 하소서. 내가 내 영혼을 주께 받듦이니이다." 이처럼 다윗은 아침마다 주님을 만났습니다.

주님과 교제하는 시간으로는 대부분 아침이 가장 좋습니다. 아침에 갖는 주님과의 교제를 통해 그날 하루 전체의 삶을 주님께 드릴 수 있기 때문입니다. 아침은 주님과 동행하는 삶을 시작하기에 가장 좋은 시간입니다. 어떤 시간을 선택하든 간에 늘 깨어서 꾸준히 지속하도록 하십시오.

자, 이제 하나님과 교제할 시간과 장소가 결정되었다면, 이 시간을 어떻게 보낼 것인가를 연구해 보십시오. 이 시간에 할 일은 크게 다섯 가지입니다. 즉, 경배, 기도, 하나님의 말씀, 묵상, 적용입니다.

제일 먼저 할 일은 **경배**입니다. 주님과의 교제는 경배로부터 시작됩니다. 경배는 하나님이 어떤 분이시며 무슨 일을 하셨는가를 깨닫고 인정하는 것입니다. 주님을 경배하는 한 가지 좋은 방법은 시편 중 일부를 소리 내어 읽는 것입니다. 예를 들면, 시편 145-150편 중에서 전부 또는 일부를 소리 내어 읽어 보십시오. 시편을 읽으면서 하나님의 성품과 속성을 묵상하노라면 당신의 마음에는 경배의 태도가 생길 것입니다. 이 경배의 태도를 말로도 하나님께 표현해 보십시오. 경배는 말과 태도로 이루어집니다.

기도는 하나님과 의사소통을 하는 방법입니다. "은혜의 보좌 앞에 담대히 나아갈 것이니라"(히브리서 4:16).

기도는 영적 수고입니다. 인간의 본성은 수고하기를 원치 않습니다. 인간의 본성은 순풍을 타고 잔잔한 바다 위를 미끄러지듯 달려서 천국에 도달하기를 바라고 있습니다. 기도는 자신을 낮추는 일입니다. 기도는 우리의 교만과 지혜를 깎아내리고, 허영을 십자가에 못 박으며, 영적으로 파탄 상태에 있는 우리 자신들의 모습을 보여 줍니다. 이 모든 일들을 견뎌 내기보다, 차라리 기도를 하지 않는 편이 우리에게는 더 쉬운 일입니다. 그러다 보면 우리는 자기도 모르게, 으르렁거리며 삼킬 자를 찾는 이 시대의 마귀에게로 향하게 됩니다. 형식적으로 기도하거나 전혀 기도하지 않음으로써 바로 그렇게 되는 것입니다.… 형식적으로 기도하는 것은 일종의 가식이요 양심의 위안이며 연극이요 기만입니다.

E. M. 바운즈

기도하는 방법에는 여러 가지가 있겠지만 다음에 영어의 각 첫머리 철자를 따서 ACTS(사도행전)라고 부르는 기도의 방법을 소개합니다.

> 찬양(Adoration)은 자신을 위한 기도가 아니요, 하나님만을 위한 기도입니다. 그러나 그 기도 안에는 당신을 위한 요소가 들어 있습니다. 즉 당신이 주님을 사랑하고 있다는 사실을 주님께 고백할 때, 당신과 주님과의 관계는 더욱 견고하게 세워질 것이기 때문입니다. 하나님의 광대하심, 그분의 능력, 그분의 위엄과 그분의 주권을 깊이 묵상해 보십시오!
>
> 자백(Confession)은 하나님이 깨닫게 해주신 모든 죄를 하나님 앞에서 시인하며 버리는 것을 말합니다. 자백이란 말은 "…에 동의하다"라는 뜻을 가진 말에서 나왔습니다. 하나님께서 당신 생활

가운데 죄라고 지적하시는 것에 당신도 동의하여 죄로 인정하는 것입니다. 하나님이 죄라고 말씀하시는 것을 죄로 여기십시오. "내가 내 마음에 죄악을 품으면 주께서 듣지 아니하시리라"(시편 66: 18). 우리가 죄를 자백하면 하나님께서는 용서하시며 깨끗케 해주십니다. "만일 우리가 우리 죄를 자백하면 저는 미쁘시고 의로우사 우리 죄를 사하시며 모든 불의에서 우리를 깨끗케 하실 것이요"(요한일서 1:9).

감사(Thanksgiving)는 하나님께 감사하는 마음을 말로 표현하는 것입니다. 하나님께서 당신에게 베풀어 주신 구체적인 은혜들을 들어서 감사하십시오.

간구(Supplication)는 우리에게 필요한 것들을 간절하고 겸손한 태도로 구하는 것입니다. 우리의 필요를 하나님께 알리는 것입니다. 먼저 다른 사람들의 필요를 위하여 구하고, 그 다음 당신의 필요를 위해서도 구하십시오. 당신이 기도해 줄 수 있는 대상은 아주 넓습니다. 가족이나 친구들뿐 아니라, 나아가서는 전 세계에 흩어져서 사는 사람들—이를테면 선교사들과 아직까지 예수 그리스도의 복음을 들어 보지도 못한 나라에 살고 있는 수많은 사람들—을 위하여도 기도하십시오. 기도 목록을 만들어도 좋습니다. 구체적으로 기도하십시오. 구체적으로 기도하자면 믿음이 필요하겠지만, 이러한 기도에는 분명한 기도 응답이 따르는 것을 볼 수 있습니다.

하나님의 말씀. 성경을 펴서 하나님의 말씀을 읽으십시오. 성경은 인간에게 해주신 하나님의 말씀입니다. 당신의 가장 큰 필요는 하나님으로부터 말씀을 듣는 일입니다. 말씀을 들을 때 당신 마음이 뜨거워지도록 기도하십시오. 급하게 읽지 마십시오. 준비된 마음으로 읽으십시오. 말씀을 읽는 순전한 기쁨을 누리십시오. 읽은 그 말씀을 통하여 하나님께서 당신에게 개인적으로 말씀해 주시기를 구하십시오. 읽는 도중 하나님께서 당신에게 말씀하고 계신다고 생각되면 언제든지 멈추어서 그 구절을 깊이 묵상하십시오.

묵상은 영적 소화 과정이라고 할 수 있습니다. 영의 양식인 말씀을 섭취하여 소화시키는 과정입니다. 소화를 잘 시키려면 음식물을 찬찬히 꼭꼭 씹어야 하듯이, 말씀의 내용을 마음속으로 이리저리 곰곰이 생각해 보고, 깊이 숙고하며, 되씹어 보는 것입니다. 묵상을 통해 비로소 예수님의 생명은 당신의 영적 핏줄 속으로 흡수되어 온 몸에 생명과 힘을 줍니다. 묵상은 말씀의 진리가 삶과 행동으로 이어지도록 연결시켜 주는 중요한 과정인 것입니다.

묵상은 또한 보석 가공에 비유할 수도 있습니다. 마치 보석공이 눈부신 다이아몬드를 자세히 관찰하며 갈고 닦아서 온갖 빛을 발하고 아름답게 보이게 하는 것과도 같습니다. 다이아몬드를 눈부신 태양 빛에 비추어 여러 각도로 돌려가면서 보면 볼 때마다 새롭습니다. 성경 말씀은 아름다운 보석과도 같아, 보면 볼수록 새로운 빛을 발하고 아름답습니다. 보는 각도에 따라 그 아름다움이 다 다릅니다. 성경에는 아름다운 보석들이 무진장 들어 있지만, 묵상을 하지 않으면 이 보석들을 캐내어 누릴 수가 없습니다. 묵상은 말씀이라는 보석을 내 것으로 삼는 방법입니다. "내 눈을 열어서 주의 법의 기이한 것을 보게 하소서"(시편 119:18). 주님의 말씀을 하루 종일 묵상할 수 있는 실제적인 방법은 성경 말씀을 암송해 두는 것입니다.

묵상을 할 때는 잡념에 사로잡히지 않도록 주의하십시오. 때로 묵상을 하다 보면 아무것도 없는 빈들이나 광야를 지나는 것과 같을 때가 있는데, 이때 공상에 빠져들 위험이 있습니다. 또한 자신의 문젯거리를 묵상하게 될 때에도 늘 위험이 따릅니다. 자신의 생각이 아니라 하나님의 생각에만 사로잡혀야 합니다. 당신 자신에 대해 묵상하지 말고 하나님을 묵상하십시오. 하나님께 시야를 고정하고 하나님을 찾는 것이어야 합니다. 하나님의 말씀을 묵상하는 습관을 발전시켜 나가면 거기에서 당신의 문제에 대한 해답을 얻게 됩니다. "골수와 기름진 것을 먹음과 같이 내 영혼이 만족할 것이라. 내 입이 기쁜 입술로 주를 찬송하되, 내가 나의 침상에서 주를 기억하며 밤중에 주를 묵상할 때에 하오리니"(시편 63:5-6).

묵상의 중요성은 여호수아 1:8에서 주신 명령과 약속을 통해 찾아볼 수 있습니다. "이 율법책을 네 입에서 떠나지 말게 하며, 주야로 그것을 묵상하여 그 가운데 기록한 대로 다 지켜 행하라. 그리하면 네 길이 평탄하게 될 것이라. 네가 형통하리라."

묵상이 없이는 주님과의 건강한 관계를 발전시켜 나갈 수 없습니다. 아마 당신은 자신의 묵상 기술을 발전시키고 싶을 것입니다. 제5장에서 묵상 기술을 계발하는 데 도움이 되는 몇 가지 방법을 소개해 주고 있습니다.

적용이란 하나님께서 당신에게 말씀해 주신 바를 실천으로 옮기는 것을 말합니다. 하나님과의 교제를 통해 나타나는 결과는 삶의 변화입니다. 당신의 삶에 변화가 일어나지 않고 있다면 하나님과의 관계가 발전이 없고 정체되어 있다는 말입니다. 예수님께서 당시 바리새인들에게 지적하셨던 문제가 바로 이것입니다. 바리새인들은 성경 내용을 잘 알고 있었고 교리에 있어서도 전문가들이었으며, 때로 양심적이며 신실하고 헌신적인 사람들이었지만, 예수님은 그들을 마귀의 자식들이라고 불렀습니다. "너희는 너희 아비 마귀에게서 났으니"(요한복음 8:44). 왜 이런 가시 돋친 고발을 하셨겠습니까? 그들은 열심히 성경을 연구했지만, 삶의 변화가 전혀 없었기 때문이었습니다. 마음에서 우러나온 진정한 의미의 적용이 없었습니다. 그들 중에는 가난한 자를 압제하고 과부를 속이는 자들이 많았습니다(마태복음 23장).

묵상이 경건한 말로만 끝나지 않도록 주의하십시오. 진정한 묵상은 실제 행동으로 끝을 맺습니다. 하나님과 주위 사람들에 대한 변화된 태도야말로 진정한 묵상의 결과입니다. 또한 일하는 습관에서나, 가족들 간의 관계에서 변화가 나타납니다. 한마디로 말해서 삶의 변화가 일어나는 것입니다! "내가 주의 법을 어찌 그리 사랑하는지요! 내가 종일 그것을 묵상하나이다"(시편 119:97).

아침에 하나님과 만나 교제하는 그 시간이 반드시 그날 하루의 하이라이트는 아니더라도, 주님과의 생명력 있는 관계를 새롭게 해주는 시간이 되도록 해야 합니다. 아침에 갖는 교제는 하루 종일 주님과 계속 활력 넘치는 교제 가운데 살 수 있도록 해주는 기초가 되기 때문입니다. 하나님께서는 당신과 미리 약속한 교제 시간 이외의 다른 시간에 당신에게 말씀해 주시기도 합니다. 그러므로 하루 종일 늘 준비된 마음으로 지내면서 주님의 말씀에 귀를 기울이며, 모든 활동 가운데서 주님을 만나는 것이 중요합니다. 매일 주님과 교제를 갖는 습관은 두말할 필요 없이 중요하지만, 매일 교제를 갖는 습관 자체에만 집착하지 말고 주님과 인격적으로 만나는 일에 전념하십시오.

제 5 장
계 획

지금부터 하나님과 매일 교제하는 습관을 발전시켜 나가도록 하십시오. 다른 사람이 하니까 하는 식이 되어서도 안 되며, 매일 아침 마지못해 행하는 의무가 되어서도 안 되고, 또한 그 자체가 목적이 되어서도 안 됩니다. 매일의 교제는 오직 예수 그리스도와 개인적인 관계를 발전시켜 나가는 수단으로서 필요한 것입니다. 날이 갈수록 주님과의 교제가 더욱 깊어질 수 있도록, 바로 지금 매일 주님과의 정기적인 약속을 지키고, 가꾸고, 유지해 나가겠다고 주님께 약속하지 않겠습니까?

제2부 첫 부분에 나오는 "하나님과의 교제 계획표"는 하나님과의 관계를 발전시켜 나갈 수 있도록 도와줄 것입니다. 이 계획을 활용함으로써 당신은 여러 가지 다양한 방법들을 익힐 수 있을 뿐만 아니라 더 나아가 이에서 더욱 발전시켜 나갈 수 있는 아이디어들을 얻을 수 있을 것입니다. 하나님과의 교제 계획표는 한 달간의 교제 약속들을 한눈에 볼 수 있게 해줍니다.

제2부 실천 계획에는 이 교제 약속들에 대한 매일의 계획이 있습니다. 이것을 하나님과의 교제의 발전 기록으로 잘 보관해 두

십시오. 지금부터 바로 시작하도록 하십시오. 어떤 특정한 날까지 기다려서 시작할 필요는 없습니다. 하나님과의 교제 계획표 제1일 날의 왼쪽 상단 네모 안에 날짜를 기록하고 난 뒤 "교제 계획 No.1"으로 넘어 가십시오. 또한 계획표의 공란에 약속 시간을 기록하는 것도 좋습니다.

제6장으로 넘어가기 전에, 제2부에 있는 교제 계획표대로 한 달간 하나님과 교제를 가지십시오. 이렇게 해서 한 달이 지난 후에는, 당신 스스로 계속해서 하나님과 교제하는 데 필요한 아이디어를 얻게 될 것입니다.

약속된 교제 시간 중에 졸거나 정신이 흐려지지 않도록 정한 시간에 잠자리에 들도록 하십시오. 장소로는 무엇보다도 방해를 받지 않는 조용한 곳을 선택하십시오.

절대로 서두르지 마십시오. 하나님과 약속한 교제 시간은 그 "무엇을 얻어 내는" 시간이 아니요, 하루 중 하나님과의 관계를 발전시켜 나가는 첫출발의 시간입니다. 하나님께서 당신과 함께하심을 분명하게 경험하고 또한 이것이 하루 종일 지속되도록 하십시오.

자유롭고 꾸밈없이 주님과 지속적으로 대화하는 데 익숙해지기 위해서는 교제가 필요합니다. 주님께서 우리와 매우 가까이 계심을 알고, 매순간 주님께 우리 자신을 드러내기 위해서도 교제가 필요합니다. 의문의 여지가 있는 일이 생겼을 때 주님의 뜻을 분별하고, 주님이 우리에게 요구하시는 일들을 올바로 알고 실행하는 데 도움을 구하기 위해서도 교제가 필요합니다. 교제를 통하여 우리는 어떤 일에 손대기 전에 먼저 그 일을 주님 앞에 내놓고, 그 일이 끝났을 때는 주님께 감사하게 되는 것입니다.

브라더 로렌스

제 6 장
지속적인 발전

하나님과의 관계를 더욱 발전시켜 나갈 수 있는 방법들은 아주 많습니다. 그러나 방법 자체에 집착한 나머지 하나님과의 관계 자체를 희생시키는 일이 있어서는 안 됩니다. 어떻게 하면 하나님과 활기 있는 관계를 유지할 수 있는가에 관하여 이 장에 소개된 제안들은, "제2부 실천 계획" 부분을 한 달에 걸쳐 끝마친 뒤에 읽어 보도록 하십시오.

  인간은 습관을 가진 존재입니다. 대부분의 경우 한 번 두 번 어떤 일을 거듭하다 보면 곧 습관이 되기 쉽습니다. 그러나 하나님과 함께 나누는 교제를 습관적으로만 행하지 않도록 주의해야 합니다. 주님과의 친밀한 개인적 관계에 지속적인 발전을 기할 수 있도록 이 장에서는 당신과 하나님과의 교제 약속 시간에 활용할 수 있는 방법들을 열거해 놓았습니다. 이것들은 시작에 불과할 뿐입니다. 그 자체로 완전하다고 생각해서는 안 됩니다. 모든 방법들이 여기에 다 열거되어 있지는 않기 때문입니다. 이 방법들을 당신의 형편에 맞게 적절히 활용함으로써, 더욱 많은 유익을 얻을 수 있을 것입니다. "실천 계획"에서 이미 다루었던 방법들은 다음과 같습니다.

1. ACTS의 활용
   A-찬양(Adoration)
   C-자백(Confession)
   T-감사(Thanksgiving)
   S-간구(Supplication)

2. 조지 뮬러식 적용 방법
   내용 가운데 다음과 같은 사실이 있는가 찾아본다.
   - 내가 따라야 할 본
   - 내가 순종해야 할 명령
   - 내가 피해야 할 잘못
   - 내가 버려야 할 죄
   - 내가 주장해야 할 약속
   - 하나님 자신에 대한 새로운 지식

3. 경건의 일기
   날짜 _____ 오늘의 말씀 _____
   나의 발견(제목) _____
   나의 이해(내용 요약) _____
   _____
   _____
   나의 실천(적용) _____
   _____
   _____

4. 구절 공부

　　날짜 _____ 중심 구절 _____

　　이 구절 앞의 내용은? _____
　　_____

　　이 구절 뒤의 내용은? _____
　　_____

　　이 구절의 내용은? _____
　　_____

　　이 구절과 같은 내용을 보여 주는 다른 참조 구절은? _____
　　_____

　　이 구절에 대해 의문 나는 점이나 관찰한 내용은? _____
　　_____
　　_____
　　_____

　　이 구절을 나의 삶에 어떻게 적용할 것인가? _____
　　_____
　　_____
　　_____

5. 하나님께 대한 찬양으로 시편을 소리 내어 읽음

6. 반복되는 내용을 통한 묵상
　　● 이 구절에는 어떤 특정한 형식이 들어 있는가?
　　● 같은 단어나 구, 대조적인 단어나 내용, 비슷한 음이나 같은

글자로 시작되는 단어로 표현되고 있는 반복적인 내용은 없는가?
- 이 구절이 전개되는 방향은, 주제가 구체적인 것에서 일반적인 것으로 흐르는가, 일반적인 것에서 구체적인 것으로 흐르는가?

7. 말씀의 적용
    - 시편 139:23-24을 기도로 이용한다.
    - 예수님의 기도를 자신의 기도로 활용한다(마태복음 6:9-13).
    - 하나님의 말씀에 어떻게 접근해야 할지를 찾아본다(시편 119:9-16).

❈ ❈ ❈

하나님과의 교제가 무르익어 가면 이제는 기도, 읽기, 암송, 공부, 묵상을 다양하게 해보는 것도 좋습니다.

기 도

1. 시편을 이용한 기도

시편 하나를 택하여 한 구절씩 천천히 읽어 나가면서 기도하는 것입니다. 한 구절 읽고 나서, 그 구절의 내용으로 하나님께 기도하며, 그 구절을 개인적으로 적용할 수 있는 방법을 보여 주시도록 구하십시오.

2. '그리스도와의 새출발'이란 소책자를 이용한 기도

'그리스도와의 새출발'은 모든 그리스도인이 하나님의 말씀을 통하여 얻을 수 있는 다섯 가지의 확신을 소개한 네비게이토 소책자입니다.

- 구원의 확신
- 기도 응답의 확신
- 승리의 확신
- 사죄의 확신
- 인도의 확신

3. 성경공부를 통한 기도

네비게이토 성경공부 교재인 '그리스도인의 생활 연구' 시리즈나 '그리스도의 제자가 되는 길' 시리즈 중에서 한 과를 택하여 공부하면서 거기에 나와 있는 주제와 내용을 가지고 묵상하며 기도하는 것입니다. 예를 들면, '그리스도인의 생활 연구' 제1권 2과 '예수 그리스도께서 하신 일'을 공부하면서 기도하고 묵상하십시오.

4. 찬송가를 통한 기도

하나님께 영광을 돌리는 찬송가의 가사를 읽고 묵상하십시오. 가사를 가지고 기도를 하고 그 가사의 의미를 가르쳐 주시도록 하나님께 기도해도 좋습니다. (주의: 찬송가의 가사 자체는 성경 말씀이 아니며 때로는 성경에 기초를 두고 있지 않은 내용도 있습니다.)

읽기

1. 시편과 잠언 읽기

하루에 시편 다섯 편과 잠언 한 장씩을 읽으십시오. 이렇게 하면 매달 150편의 시편 전부와 31장의 잠언 전부를 읽을 수 있습니다. 시편을 읽는 방법은 여러 가지가 있을 수 있습니다. 앞에서부터 꼭 차례대로 읽을 필요는 없습니다. 달력의 날짜를 따라 오늘 날짜와 일치하는 시편을 읽고, 계속해서 그 숫자에 30을 더하고, 또 거기에 30을 더해 이런 식으로 하루에 다섯 편을 택해서 읽는 것도 좋은 방법입니다. 예를 들어 오늘이 25일이라면 시편 25편, 55편, 85편, 115편, 145편을 읽습니다.

2. 일 년에 성경 한 번 읽기

네비게이토 출판사에서는 일 년에 한 번 성경 읽기를 도와주는 몇 가지 자료를 출간하고 있습니다. 이런 자료를 활용하여 하루에 구약은 두세 장, 신약은 한 장씩 읽으면 일 년 만에 성경 전체를 다 읽을 수 있습니다.

3. 암송하고 있는 구절이 들어 있는 장(章) 읽기

4. 성경의 어느 한 책을 한 자리에서 읽기

많은 경우 신약성경 책들은 20분 정도면 읽을 수 있습니다. 이 정도의 양이면 2, 3단짜리 신문기사를 읽는 정도밖에 안 됩니다. 물론 항상 이런 식으로 읽을 수는 없겠지만, 여기 저기서 이 부분저 부분을 읽어서는 전체의 내용을 파악할 수 없으므로 전체를 한 눈에 보려면 이 방법이 좋습니다.

5. 경건 서적 읽기

경건 서적 중에서 하나를 택하여 매일 조금씩 읽어 가는 것도 주님과의 교제를 발전시키는 일에 도움이 됩니다. 경건 서적은 어디까지나 보조 수단일 뿐입니다. 이것이 말씀 읽는 것을 대신하지 않도록 주의하십시오.

암 송

1. 하나님과의 교제 시간 중에 당신이 묵상하고 있던 말씀 가운데 한 구절을 암송하십시오.

2. 말씀을 한 구절 암송하고 그 구절을 잘 기억해 내는 데 도움이 되는 그림이나 표를 그려 보십시오. 암송 카드 뒷면에다 이것을 그리면 더욱 효과적입니다.

예:

공 부

　인물 성경공부 또는 주제별 성경공부. 이런 공부를 하려면 하루만 가지고는 힘들 것입니다. 아마 여러 날에 걸쳐 해야 할 것입니다. 성구 사전을 보고 그 주제나 인물에 관계되는 참조 구절들을 찾아서, 노트에다 왼편에는 각 구절의 장절을 적고 오른편에는 각 구절의 중심 내용을 기록합니다. 이 구절들과 연관시켜 다음 질문들을 해보십시오.

- 언급되어 있는 인물은 누구인가?
- 그들은 내가 공부하고 있는 주제나 인물과 어떤 관계가 있나?
- 말하고 있는 내용은 무엇인가?
- 누가 한 말인가?
- 이 일들은 언제 일어났는가?
- 이 일들은 어디에서 일어났는가?
- 그것들은 어떻게 연관되어 있는가?
- 그것은 내게 어떤 의미가 있는가?

　질문은 이외에도 더 있을 수 있습니다. 당신이 생각한 질문들이 있으면 첨가하십시오.
　이 질문들에 답하고 난 후, 그 주제나 인물에 대하여 당신이 발견한 사실들을 몇 가지로 분류해 보십시오. 예를 들어, "기쁨"이라는 주제를 공부하고 있다면, 기쁨의 근원은 무엇인가, 왜 기뻐해야 하는가, 언제 기뻐해야 하는가, 기뻐할 때의 축복은 무엇인가… 등등으로 분류해서 정리해 볼 수 있습니다. 인물 공부를 하고 있다면, 그 인물의 장점과 약점 등으로 정리할 수 있습니다.

마지막으로, 당신이 공부한 것을 기초로 하여 개인적으로 적용할 것을 기록하십시오.

묵 상

묵상은 마음의 방황이 아닙니다. 묵상은 형식이 있으며 목적이 있습니다. 묵상은 우리의 생각을 하나의 주제로 이끌어갑니다. 묵상은 목적을 가진 생각입니다.

묵상은 근엄한 학술적인 연습이 아닙니다. 묵상을 하는 데는 알고자 하는 마음과 기대하는 태도가 필요합니다. 묵상은 우리를 흥미 있는 발견으로 인도하고, 영혼을 새롭게 하며, 인격을 변화시킵니다. 묵상에는 보상과 유익이 따릅니다. 이것은 하나님의 뜻을 온전히 깨닫고 순종하기 위한 중요한 단계인 것입니다. 아래에 당신이 시도해 볼 수 있는 묵상의 방법을 몇 가지 소개합니다.

1. 풀어 쓰기

성구를 당신 자신의 말로 다시 써볼 때 흥미 있는 내용들을 찾아낼 수 있습니다. 가능한 한 적은 수의 단어들을 사용하여 이 연습을 해보면 더 큰 유익이 있습니다.

예: 이사야 26:3

"주께서 심지가 견고한 자를 평강에 평강으로 지키시리니, 이는 그가 주를 의뢰함이니이다."

이 구절을 다음과 같이 풀어 쓸 수 있습니다.

"그 마음에 아무 의심이 없이 온전히 주님을 의뢰하는 사람에게는 아무 근심이 없을 것을 주님은 약속하셨습니다."

2. 질문

그 구절에 대하여 스스로 질문을 해보는 것입니다. 스스로 질문을 하는 데는 두 가지 방법을 사용할 수 있습니다. 첫째는 누가, 무엇을, 언제, 어디서, 왜, 어떻게 등 육하원칙을 사용하여 질문을 던지는 방법이고, 둘째는 그 구절을 생각할 때 마음에 떠오르는 모든 질문들을 다 적어 보는 것입니다. 이 모든 질문에 대하여 즉각적으로 답이 떠올라야 하는 것은 아닙니다.

이사야 26:3에 대하여 다음과 같이 질문해 볼 수 있습니다.

"하나님은 누구에게 완전한 평강을 주시는가?"

"나는 마음속으로 하나님께 어떤 태도를 가지고 있어야 하는가?"

"하나님은 왜 이와 같은 완전한 평강을 주시는가?"

이와 같이 당신 스스로 그 구절에 대해 여러 가지 질문을 하고 답을 해봄으로써 많은 유익을 얻을 수 있습니다.

3. 기도

그 구절을 가지고 기도하십시오. 그 구절을 통하여 드러난 하나님의 성품과 속성에 대하여 하나님을 찬양하십시오. 당신이 찾아낸 하나님의 약속을 인하여 하나님께 감사하고, 그 약속을 당신의 삶 가운데서 주장하십시오. 그 구절의 말씀을 통해서 깨닫게 해주신 당신의 잘못을 자백하십시오. 묵상을 할 때 하나님 앞에서 자신을 "활짝 열어 놓고" 생각하십시오.

4. 강조

그 구절의 각 단어와 구를 하나하나 강조해 보십시오. 이 간단한 방법을 통해서 그 구절의 각 부분들에 초점을 맞춰 보고, 그 부분들이 구절 전체와 어떻게 연관되어 있는지를 알아볼 수 있습니다.

이사야 26:3의 경우 다음 단어들에 강조점을 두고 거기에 들어 있는 의미를 생각해 낼 수 있습니다.

"**주께서** 심지가 견고한 자를…"
"주께서 **심지가** 견고한 자를…"
"주께서 심지가 **견고한** 자를…"

이런 식으로 하여 그 구절 전체를 강조해서 읽어 보며 묵상하십시오.

5. 참조 구절

그 구절의 내용과 직접적으로 연관되어 있는 다른 성경 구절들을 찾아보십시오. 이렇게 함으로써 그 구절의 내용을 더욱 잘 이해할 수 있습니다. 성경의 여러 부분에 나오는 말씀들을 찾아 상호 연관성을 살펴보면 새로운 의미를 발견할 수 있으며, 성경의 주제들을 전체적으로 아는 데 도움이 될 것입니다.

이사야 26:3의 경우, 참조 구절로 다음 구절을 들 수가 있습니다.

(빌립보서 4:6-7) "아무것도 염려하지 말고 오직 모든 일에 기도와 간구로 너희 구할 것을 감사함으로 하나님께 아뢰라. 그리하면 모든 지각에 뛰어난 하나님의 평강이 그리스도 예수 안에서 너희 마음과 생각을 지키시리라."
(베드로전서 5:7) "너희 염려를 다 주께 맡겨 버리라. 이는 저가 너희를 권고하심이니라."
(마태복음 11:28) "수고하고 무거운 짐 진 자들아, 다 내게로 오라. 내가 너희를 쉬게 하리라."

6. 적용

그 구절을 자신의 삶과 환경에 연관시켜 보십시오. 그 구절을 묵상하면서 다음 질문들을 해보십시오.

이 구절은 예수님에 대하여 무엇이라 말씀하고 있는가?

이 구절은 나 자신에 대하여 무엇이라 말씀하고 있는가?

내가 변화해야 할 것은 무엇인가?

7. 장면을 연상해 보는 묵상법

제1부 (준비)

(1) 당신의 생각과 말과 행동을 이끌어 주셔서, 거룩하신 하나님을 섬기고 찬양할 수 있도록 주님께 은혜를 구하십시오.

(2) 묵상할 구절을 읽으십시오. 예를 들어 예수님의 탄생 장면을 그리고 있는 누가복음 2:1-7을 읽는다면 처음에는 묵상하려는 마음을 갖지 말고 천천히 읽습니다. 이때의 목적은 단지 그 구절과 친숙해지려는 데 있습니다.

(3) 묵상을 통하여 얻고자 하는 목표를 설정하고 그것을 이룰 수 있도록 기도하십시오. 누가복음 2:1-7의 경우에는 구세주께서 이 세상에 오신 비밀을 묵상함으로써 경외감과 겸손한 마음을 얻는 것이 목표가 될 수도 있습니다.

제2부 (묵상)

(1) 장면을 시각화하십시오. 누가복음 2:1-7의 경우, 나사렛에서 베들레헴에 이르는 길을 마음속에 그려봅니다. 그 길은 평탄합니까? 아니면 바람이 세찬 골짜기 길이나 언덕길일까요? 만삭의 무거운 몸으로 나귀를 타고 가는 마리아를 그려 봅시다. 그 옆에는 요셉이 고삐를 잡고 걸어가고 있습니다. 어쩌면 소를 끌고 갔을지도 모르죠. 이들은 가이사의 명령에 따라 호적을 하러 베들레헴으로 향하고 있습니다. 길에서는 어떤 사람들을 만나게 될까요? 군인? 농부? 상인? 같은 목적으로 여행 중인 다른 가족들? 탄생 장소를 머릿속에 그려 보면서 생각해 봅시다. 넓은 곳이었을까요, 좁은 곳이었을까요? 깨끗했을까요, 더러웠을까요? 추웠을까요? 그 안에는 어떤 물건들이 있었겠습니까?…

(2) 그 내용 가운데 등장하는 인물의 한 사람이 되어 봅시다. 이를테면, 탄생 장면에서는 거기에 등장하는 여관의 잡역부나 하녀의 역할을 맡은 걸로 상상해 볼 수 있습니다. 당신이 반드시 마리아 일행과 한자리에 있을 필요는 없습니다. 다만 멀찍이서 그들을 바라보면서 그들을 관찰하고, 그들을 존경하는 마음으로 혹시 도울 일은 없는가 생각하면서 그들의 필요를 살펴봅시다.

(3) 자, 이제 오관(五官)을 동원하여 그 장면 가운데 들어가 봅시다. 모든 행동 하나하나를 주의 깊게 살피고, 관찰하고, 연구합니다. 청각을 사용하여 오가는 대화를 들읍시다. 후각과 촉각을 사용하여 어떤 냄새가 나는지, 입고 있는 옷은 질이 어떤지 알아봅

시다. 나무로 만든 구유는 어떤 촉감이 있는지요? 짚으로 엮은 멍석은 또 어떻습니까? 미각도 사용합시다. 거기에는 먹을 만한 것이 있습니까? 오관을 총동원하여 가능한 한 그 장면 속으로 들어갈 수 있는 데까지는 철저히 들어가 봅시다.

(4) 그 장면에 등장하는 한 사람으로서 자신이 느끼는 것들을 분석해 보십시오. 현재 일어나고 있는 일에 대하여 어떻게 느끼십니까? 거기에 있는 다른 사람들에 대해서는 어떤 생각이 드십니까? 자신에 대해서는 무엇을 느끼십니까?

제3부 (대화)

(1) 여기서 대화라고 하는 것은 친구 사이에서 이루어지는 것과 같은 격의 없는 대화, 또는 하인이 그 주인에게 무엇을 바라거나 어떤 잘못에 대하여 용서를 구할 때, 맡은 일을 수행하다가 생긴 문제를 알릴 때, 혹은 조언을 구할 때 하는 것과 같은 대화를 가리킵니다.

(2) 대화는 기도와는 달리 주고받는 말로써, 여기서는 순전히 마음속으로 이루어지는 상상의 대화를 의미합니다.

(3) 그 장면에 등장하는 한 인물에게 직접 말을 걸어 보십시오. 요셉이나 마리아와 함께 이야기해 봅시다. 이 구절(장면)을 묵상할 때 마음속에 떠오르는 생각들을 그들에게 이야기해 봅시다. 주님께 이야기해 보고 싶을 때도 있을 것입니다. 그럴 때는 대화가 기도의 성격을 가지게 됩니다. 대화는 묵상을 시작할 때 간구했던 것(제1부, (3)번)과 연관되어 있어야 하며 대부분의 경우 어떤 행동이나 개인적인 적용을 이끌어 내는 것이어야 합니다.

8. 주야로 하는 묵상

시편 1:2-3에서는 묵상의 중요성을 이야기하고 있습니다. "오직 여호와의 율법을 즐거워하여 그 율법을 주야로 묵상하는 자로다. 저는 시냇가에 심은 나무가 시절을 좇아 과실을 맺으며, 그 잎사귀가 마르지 아니함 같으니 그 행사가 다 형통하리로다."

여기서 주야란 문자 그대로 낮과 밤을 의미할까요? 주야로 묵상하는 것이 실행 가능한 명령이겠습니까? 하나님께서는 우리에게 하나님의 자원들을 누릴 수 있는 방법들을 주셨는데, 이 방법들을 더 깊이 연구해 보면 주야로 하는 묵상은 실행이 가능할 뿐만 아니라 그리스도와의 관계를 발전시키는 데에 매우 실용적이며 큰 도움이 된다는 것을 알 수 있습니다.

어떻게 잠을 자는가

먼저, 밤 시간에 대해 조사해 봅시다. 지난밤에는 잘 잤습니까? 밤중에 잠이 깼을 때 마음을 사로잡고 있던 생각은 무엇이었습니까? 오늘 아침 눈을 떴을 때 머릿속에는 무슨 생각이 들어 있었습니까? 잠이 막 들 당시에는 어떤 일이 있었습니까? 이 질문들에 대한 답은 모두 다 묵상 문제에 대한 빛을 던져 주는 것들입니다.

자신의 경험을 분석해 보면, 건강하고 피로하지 않은 상태에서 잠자리에 들기 직전에는 한 가지 두드러진 생각이 마음속에 자리잡고 있음을 알 수 있을 것입니다. 그것은 조금 전까지 읽고 있었던 책의 내용이나 나눈 대화일 수도 있습니다. 방금 들은 소식일 수도 있습니다. 많은 경우 그것은 아직 해결책을 찾지 못하여 생각에 몰두하고 있던 문제일 가능성이 많습니다. 만약 그것이 사실이라면 의식 세계에서 골똘히 생각하고 있던 그 문제는 잠이 들 때 잠재 의식의 세계로 옮겨집니다. 그러면 잠재 의식은 밤에도 편히 잠을 자지 못하고 그 문제를 가지고 활발하게 묵상을 계속하게 되는 것입니다. 이 일로 에너지는 소모되고, 소모되는 에너지를 보충하기 위해서는 혈당량의 증가를 요구하며, 이 때문에 심장은 계속해서 활동시와 똑같은 양의 일을 해야 하므로 박동을 늦추지 못하고 휴식을 취할 수가 없습니다. 잠재 의식은 계속해서 그 문제에 매달려 씨름을 합니다.

이러한 수고는 너무나 커서 밤중에 몇 번씩이나 잠을 깨기도 합니다. 마음을 쏟고 있는 그 문제는 잠재 의식 세계를 지배하고 있습니다. 어떤 때는 잠에서 깨고 나니 그 문제의 해결책이 생긴 것을 경험해 보기도 했을 것입니다. 문제가 해결되지 못한 채 남아 있다면, 그 생각은 아침에 잠을 깼을 때 마음속 깊이 자리잡고 있을 것입니다.

하나님을 생각함

하나님께서는 잠재 의식에 속한 자원들을 적절하게 사용할 수 있도록 해주시기 위해 우리에게 밤과 낮으로 묵상을 하라고 명령하셨습니다. 하나님께서는 잠재 의식이 하나님과 하나님의 말씀을 깊이 생각하기를 바라십니다. 하나님께서는 우리가 앞으로 여러 시간 동안 묵상해야 할 생각, 도전, 명령, 약속, 위로의 말씀, 또는 가르침을 미리 주십니다. 그것을 어떻게 하면 알 수 있을까요? 다음 제안을 따르십시오.

다음 달의 매일 성경 읽기 계획을 미리 세우십시오. 잠자리에 들기 약 5분 전에 성경을 열어 내일 읽을 부분을 찾습니다. 앞으로 24시간 동안 당신의 필요를 가장 잘 채워 줄 수 있는 생각, 도전, 또는 특별한 말씀을 주시도록 주님께 기도하고 읽기 시작합니다. 예를 들어 시편을 읽기 시작했다면, 끝까지 다 읽기 전에 주님께서 당신의 마음과 생각 가운데 특히 인상 깊게 심어 주시는 부분이 있을 것입니다.

가령 시편 36편을 읽다가 8절이 특별히 눈에 들어왔다고 합시다. "저희가 주의 집의 살찐 것으로 풍족할 것이라. 주께서 주의 복락(福樂)의 강수로 마시우시리이다." 이 구절을 읽고는 즉시 이런 반응을 보일 수도 있습니다. '내게 필요한 게 바로 이거야. 하나님께서 내게 이런 약속을 주시다니, 너무나 감사하다. 하나님을 믿고 이 약속을 주장해야지. 앞으로 24시간 동안 언제 어디서나 어떤 환경에 처하든지 이 말씀을 묵상해야지.'

그러면 여기서 성경을 덮고 다른 생각이 마음속에 침투해 들어오지 못하도록 그 구절을 묵상하면서 잠이 듭니다. 아마도 달게 잘 수 있을 것입니다. 잠을 깼을 때도 시편 기자가 시편 119:55에 기록한 본을 따르십시오. "여호와여, 내가 밤에 주의 이름을 기억하고…."

잠언 6:22 말씀이 실현되기 시작합니다. "그것이 너의 다닐 때에 너를 인도하며, 너의 잘 때에 너를 보호하며, 너의 깰 때에 너로 더불어 말하리니." 밤중에 깰 때마다, 그리고 아침에 잠자리에서 눈을 떴을 때 하나님께서 주신 말씀에 당신의 마음과 생각이 가장 먼저 향하도록 훈련한다면 머지않아 그 말씀이 당신 삶의 일부가 되어 있음을 알게 될 것입니다.

만약 밤 10시 반에 잠자리에 들고 아침 5시 반에 일어나면서 위의 제안대로 실행한다면 시편 1:2-3의 주야로 묵상하는 삶의 절반이 실제로 이루어질 것입니다. 아침 5시 반부터 밤 10시 반까지는 어떻습니까? 그 시간 동안에도 묵상을 합니까? 시편 119:97을 보면 분명히 드러나 있습니다. "내가 주의 법을 어찌 그리 사랑하는지요! 내가 그것을 종일 묵상하나이다."

그렇지만 낮에는 어떻게 종일 묵상할 수 있습니까? 시편 119:164에서 힌트를 얻게 됩니다. "주의 의로운 규례를 인하여 내가 하루 일곱 번씩 주를 찬양하나이다."

점검 시간을 활용함

이 제안은 낮 동안에는 자연스러운 점검 시간을 활용하라는 것입니다. 예를 들면, 오전 6시, 9시, 낮 12시, 오후 3시, 6시, 9시를 의식적으로 묵상을 하는 구절로 돌아가는 시간으로 정하여, 하던 일을 멈추고 주님과 주님의 말씀을 생각할 수도 있습니다. 그러나 가장 자연스러운 방법은 필요할 때마다 하나님께서 일깨워 주시는 것에 주의를 환기시키는 것입니다.

영의 양식을 섭취하고자 하는 필요를 느낄 때마다 하나님의 말씀을 떠올려 묵상하십시오. 말씀을 묵상함으로 영의 양식을 먹게 되어 영적 힘을 더해 줄 것입니다. 하나님의 말씀을 묵상할 때 주님께서 요한복음 6:63에서 하신 말씀이 실제로 이루어져 갑니다. "내가 너희에게 이른 말이 영이요 생명이라."

말씀을 너무 부지런히 묵상하는 것 때문에 그리스도를 바라보는 시야가 흐려지지는 않겠습니까? 그렇지 않습니다. 말씀은 그리스도를 묵상하는 수단입니다. 시편 40:7을 읽어 보십시오. "그때에 내가 말하기를 내가 왔나이다. 나를 가리켜 기록한 것이 두루마리 책에 있나이다." 예수님께서는 "이 성경이 곧 내게 대하여 증거하는 것이로다"(요한복음 5:39)라고 말씀하셨습니다.

누가복음 24:31-32에서 말씀을 통하여 제자들에게 자기를 나타내 보여 주셨던 그리스도께서는 그때와 마찬가지로 말씀을 통하여 자기를 우리에게 나타내 보여 주실 것입니다. 주님은 진실로 성경 말씀 안에서 우리에게 자신을 나타내 보여 주십니다.

주야로 말씀을 묵상하는 것은 가능한 일일 뿐만 아니라 즐거운 일입니다. 우리도 시편 기자처럼 말할 수 있습니다. "나의 묵상을 가상히 여기시기를 바라나니 나는 여호와로 인하여 즐거워하리로다"(시편 104:34).

❅ ❅ ❅

지금까지 우리가 주님을 알아 가기 위해 활용할 수 있는 방법을 몇 가지 소개하였는데, 물론 방법은 이외에도 많이 있습니다. 여기서는 단지 그중 몇 가지만 소개하였을 뿐입니다. 하지만 분명히 기억해야 할 것은, 주님과 성숙한 관계에 이르기 위한 지름길은 없다는 것입니다. 주님을 깊이 알아 가기 위해 날마다 부지런히 힘쓰십시오.

현대 사회의 특징은 스피드(speed)와 인스턴트(instant)입니다. 사람들은 빠르고 즉각적인 것을 원합니다. 요즘에는 모든 영역에서 "퀵(quick) 서비스"가 유행합니다. 많은 사람들이 영적으로도 "퀵 서비스"를 원합니다. "지름길"을 찾습니다. 하나님께서는 그러한 생각에 대해 경고하십니다. "충성된 자는 복이 많아도, 속히 부하고자 하는 자는 형벌을 면치 못하리라"(잠언 28:20). 인스턴트식 영적 성숙이란 없습니다. 예수 그리스도와의 관계는 일생 동안 발전시켜 나가야 하는 과정입니다. 하나님과의 교제 약속은 그 자체가 끝이 아니라 주님과의 관계를 발전시켜 나가는 시작에 불과합니다. 이에는 결코 "완성"이 있을 수 없습니다. 그러나 여러 가지 창의적인 방법을 활용하여 예수 그리스도와의 교제를 꾸준히 발전시켜 나간다면, 당신은 활기 있고 친밀하게 주님과 동행하는 영원한 모험을 즐기게 될 것입니다.

아침에 나로 주의 인자한 말씀을 듣게 하소서.
내가 주를 의뢰함이니이다. 나의 다닐 길을 알게 하소서.
내가 내 영혼을 주께 받듦이니이다.

주는 나의 하나님이시니 나를 가르쳐 주의 뜻을 행케 하소서.
주의 신이 선하시니 나를 공평한 땅에 인도하소서. (시 143:8,10)

제 2 부

실천 계획

저는 시냇가에 심은 나무가 시절을 좇아 과실을 맺으며
그 잎사귀가 마르지 아니함 같으니
그 행사가 다 형통하리로다. (시 1:3)

하나님과의 교제 계획표

일요일	월요일	화요일	수요일	목요일	금요일	토요일
☐ 1 기도 및 주간 계획 시간: ~	☐ 2 ←―――	☐ 3 예수 그리스도를 알아 감 요 1:1-13 시간: ~	☐ 4 요 1:14-18 시간: ~	☐ 5 요 1:19-28 시간: ~	☐ 6 ―――→ 요 1:29-42 시간: ~	☐ 7 하나님과의 관계 검토 요 1:43-51 시간: ~
☐ 8 기도 및 주간 계획 시간: ~	☐ 9 ←――― 요 2:1-12 시간: ~	☐ 10 그리스도와 친밀해져 감 요 2:13-25 시간: ~	☐ 11 요 3:1-15 시간: ~	☐ 12 요 3:16-21 시간: ~	☐ 13 ―――→ 요 3:22-36 시간: ~	☐ 14 하나님과의 관계 검토 시간: ~
☐ 15 기도 및 주간 계획 시간: ~	☐ 16 ←――― 시 1 편 시간: ~	☐ 17 하나님과 시편 기자와의 관계를 관찰함 시 5 편 시간: ~	☐ 18 시 15 편 시간: ~	☐ 19 시 23 편 시간: ~	☐ 20 ―――→ 시 112 편 시간: ~	☐ 21 하나님과의 관계 검토 시간: ~
☐ 22 기도 및 주간 계획 시간: ~	☐ 23 경 배 시 145-150 시간: ~	☐ 24 기 도 마 6:9-13 시간: ~	☐ 25 하나님의 말씀 시 119:9-16 시간: ~	☐ 26 묵 상 롬 4:20-21 시간: ~	☐ 27 적 용 시 139:23-24 시간: ~	☐ 28 하나님과의 관계 검토 시간: ~
☐ 29 기도 및 주간 계획 시간: ~	←―――	하나님과의 교제 계획을 스스로 세워서 시작함			―――→	

교제 계획 No. 1

날짜 _____

하나님과 처음 만나기로 약속한 시간에 당신은 무엇을 하시겠습니까? 잠자리에서 일어나 개인적인 볼 일을 잠깐 본 후에, 성경을 가지고 조용한 장소를 찾아서 5-10분간 하나님과 함께 오붓한 시간을 보내고 싶을 것입니다.

1. 먼저 마음을 준비하는 시간을 가지십시오. 새로운 하루를 주실 것을 기대하면서 기도로 하루를 주님께 맡기십시오. 기분이 좋지 않을 때도 있겠지만 감정은 의지에 복종시킬 수 있기 때문에, 기분이 변화되기를 진정으로 원하기만 한다면 그렇게 할 수 있습니다. 필요에 따라서는 당신의 기분을 바꿔 주시도록 기도하십시오. 또한 예수 그리스도와의 관계를 발전시키고자 하는 이 새로운 모험에 대해 기대하는 마음과 경성하는 마음을 주시도록 기도하십시오.

2. 이 시간을 갖는 목적은 금주의 주간 목표—예수 그리스도를 알아 감—를 마음에 새겨 두는 데 있습니다. 교제 계획표를 훑어보십시오. 매일 하나님의 말씀을 조금씩 탐구하게 되어 있습니다. 매일 대하는 성경 말씀의 분량이 많지 않겠지만, 거기에는 깊은 영적 진리들이 담겨져 있다는 사실을 발견하게 될 것입니다.

3. 예수 그리스도를 알아 가기 시작하는 데 좋은 말씀은 요한복음입니다. 이제 몇 분 동안 요한복음 1장을 살펴보십시오. 읽은 내용들을 가끔 정리해 가면서 1장 전체를 다 읽으십시오.

4. 하나님께서 당신에게 올바른 마음의 태도를 주셔서 예수님과 그의 진리를 알게 해주시기를 기도하고, 한 주간 동안에 당신 개인에게 적용될 수 있는 진리를 부지런히 찾아 발견할 수 있도록 기도하십시오.

자, 이제 내일도 계속할 준비가 되었습니다.

교제 계획 No. 2

날짜 _____

1. 일어난 후 처음 몇 분간은 졸음과 잡념에서 벗어나 하나님과의 교제 시간으로 전환시키는 데 보내야 한다는 사실을 명심하십시오. 하나님을 만나기 위하여 마음을 준비하십시오. "너희는 내 얼굴을 찾으라 하실 때에, 내 마음이 주께 말하되 '여호와여 내가 주의 얼굴을 찾으리이다' 하였나이다"(시편 27:8). 하루 종일 더욱 그리스도를 알게 되기를 구하면서 새로 맞이한 하루를 주님께 맡기십시오.
2. 자, 이제 몇 분간 성경을 읽으십시오. 당신에게 가장 필요한 일은 하나님께서 하시는 말씀을 듣는 일입니다. 성경 말씀을 통하여 당신에게 개인적으로 말씀하시는 바를 들으십시오. 성경의 저자이신 하나님을 직접 만나십시오! 요한복음부터 읽되 1장 1절부터 13절까지 읽으십시오.
3. 성경을 통하여 하나님의 말씀을 들은 다음, 이번에는 당신이 주님께 기도로 아뢰십시오. ACTS(사도행전)를 기억하십시오.

    찬양(Adoration)
    자백(Confession)
    감사(Thanksgiving)
    간구(Supplication)

이에 대한 기억을 새롭게 하기 원하면, 제4장을 참조하십시오.

오늘날 교회가 필요로 하고 있는 것은 더 많은 기계도, 더 좋은 기계도 아니며, 새로운 기관이나 다양하고 새로운 방법들도 아니요, 성령께서 사용하실 수 있는 사람-기도의 사람, 기도의 능력을 가지고 있는 사람-입니다. 성령께서는 방법을 통해서가 아니라 사람을 통해서 역사하시며, 기계에 임하시는 것이 아니라 사람에게 임하십니다. 주님께서는 또한 계획에 기름을 붓지 아니하시고 사람-기도의 사람-에게 기름을 부으십니다.

E. M. 바운즈

교제 계획 No. 3

날짜 _____

1. 기도로 마음을 준비하십시오.
2. 요한복음 1:14-18을 읽으십시오.
3. ACTS의 원리를 따라 기도하십시오.

      찬양

      자백

      감사

      간구

4. 당신은 하나님과 함께 시간을 보내면서 가졌던 교제의 내용을 이미 기록하기 시작했는지도 모르겠습니다. 성경을 읽으면서 관찰한 내용이라든지, 자신의 특별한 기도 제목 또는 교제 시간 중 언제든지 마음에 떠오르는 어떤 질문이 있으면 이것들을 기록해 두고 싶을 것입니다. 예를 들면 다음과 같습니다.

   (1) "말씀"은 무엇을 가리키는가? (1:1,14)

   (2) "빛"은 어떤 기능을 가졌는가? (1:5,9)

   (3) 사람이 어떻게 하면 하나님의 자녀가 될 수 있는가? (1:12-13)

교제 계획 No. 4

날짜 _____

1. 기도로 마음을 준비하십시오.
2. 요한복음 1:19-28을 읽으십시오.
3. ACTS의 원리를 따라 기도하십시오.
    찬양
    자백
    감사
    간구
4. 성경 말씀을 읽는 동안 하나님께서 당신에게 개인적으로 말씀해 주시는 것에 초점을 맞추기 위하여 당신 자신에게 다음 질문들을 해보십시오. 이 질문들은 위대한 믿음의 사람 조지 뮬러가 그리스도와의 관계를 발전시키기 위하여 사용한 질문들입니다.
    (1) 내가 따라야 할 본이 있는가?
    (2) 내가 순종해야 할 명령이 있는가?
    (3) 내가 피해야 할 잘못이 있는가?
    (4) 내가 버려야 할 죄가 있는가?
    (5) 내가 주장해야 할 약속이 있는가?
    (6) 하나님에 대한 새로운 지식이 있는가?

교제 계획 No. 5

날짜 _____

1. 기도로 마음을 준비하십시오.
2. 요한복음 1:29-42을 읽으십시오.
3. ACTS의 원리를 따라 기도하십시오.
   찬양
   자백
   감사
   간구
4. 조지 밀러식 질문이 당신에게 도움이 되었습니까? 그 질문들에 대한 답을 아래 여백에 적어 보십시오.

교제 계획 No. 6
날짜 _____

1. 기도로 마음을 준비하십시오.
2. 요한복음 1:43-51을 읽으십시오.
3. ACTS의 원리를 따라 기도하십시오
    찬양
    자백
    감사
    간구

    자신이 했던 기도 내용을 기억하기 위하여 기도 노트를 만드는 것도 좋습니다. 그 노트에 기도 제목과 그 응답을 기록해서 하나님께서 어떻게 역사해 주시는가를 살펴보십시오.

4. 질문

    본 _____
    _____

    명령 _____
    _____

    잘못 _____
    _____

    죄 _____
    _____

    약속 _____
    _____

    새로운 지식 _____
    _____

교제 계획 No. 7

날짜 _____

하나님과 함께 교제를 시작한 첫 일주일이 어떠했습니까? 하루의 나머지 시간을 하나님과의 교제 시간으로 계속 연결시킬 수 있었습니까? 이 교제 약속은 율법이 아니라, 예수 그리스도를 알아 가는 데 도움이 되는 하나의 방법이라는 사실을 명심하십시오. 어쩌다가 이 교제 약속을 하루 어겼다고 해서 그날을 실패한 날로 여겨서는 안 됩니다. 그러나 습관을 형성하고자 한다면 하나님과의 교제 약속을 어기고 싶지 않을 것입니다.

1. 요한복음 1장을 복습하십시오. 예수 그리스도에 대하여 새롭게 배운 것이 있습니까? 당신은 그분을 조금씩 알아 가고 있다고 생각합니까? 그 이유는?

2. 한 주 동안 특별히 당신의 마음에 와 닿은 내용들을 가지고 기도하는 시간을 잠시 가지십시오. 예수 그리스도에 대하여 새롭게 발견한 진리들을 기초로 하여 당신이 취해야 할 행동은 없습니까?

3. 당신은 구체적으로 기도하고 있습니까? 하나님께서 벌써 당신에게 응답해 주셨습니까? 하나님께서 당신에게 개인적으로 말씀하심을 느끼고 있습니까?

지금까지는 너희가 내 이름으로 아무것도 구하지 아니하였으나, 구하라, 그리하면 받으리니 너희 기쁨이 충만하리라.   요한복음 16:24

교제 계획 No. 8

날짜 _____

당신은 기도를 할 때 어느새 자신이 ACTS의 원리를 따라 기도하고 있는 것을 발견하게 될 것입니다. 하나님의 속성과 성품에 대하여 하나님을 찬양하고, 자신의 죄를 자백하며, 하나님께서 해주신 일과 하실 일을 인하여 하나님께 감사하며, 자신을 위해서뿐만 아니라 다른 사람을 위해서도 간구하는 일이 자연스럽게 습관화되기 시작할 것입니다. 이 순서를 반드시 따라야 할 필요는 없지만 이 같은 기도의 여러 내용을 사용하는 것은 바람직합니다. 기도를 하면서 어느 시점에서 찬양에서 자백으로, 또는 자백에서 감사로… 넘어가야 할지 모를 수도 있겠지만, 그것은 그리 중요한 것이 아닙니다. 자유를 가지십시오. 순서에 얽매일 필요가 없습니다. ACTS식 기도 방법은 율법이 아니라 단지 지침일 뿐이라는 사실을 기억하도록 하십시오. 중요한 것은 기도를 하는 것입니다.

1. 하나님과의 교제 약속 두 번째 주의 목표는 예수 그리스도와 친밀해지는 데 있습니다. 계속해서 요한복음을 매일 조금씩 탐구하게 될 것입니다. 이제 요한복음 2장과 3장을 훑어보십시오. 읽는 내용들을 생각하면서 두 장 전부 다 읽으십시오.

2. 이러한 시간을 갖는 목적은 그 주의 교제 계획을 위하여 기도하며 새로운 주간 목표를 마음 가운데 새기는 데 있습니다. 당신의 마음을 열어 주셔서 하나님의 말씀을 받아들일 수 있게 해주시기를 기도하고, 각 구절에서 당신의 생활에 적용할 수 있는 새로운 것들을 볼 수 있는 눈을 주시도록 기도하십시오.

3. 당신 앞에 놓여 있는 새로운 한 주를 기도로 하나님께 의탁하고 하나님과의 교제 약속을 지키겠다고 말씀드리십시오. 예수님에 대하여 배우며 예수님과의 관계를 발전시켜 감으로써 예수님과 더욱 친밀해질 수 있도록 기도하십시오.

교제 계획 No. 9

날짜 _____

1. 기도로 마음을 준비하십시오.
2. 요한복음 2:1-12을 읽으십시오.

   당신이 매일 아침 읽어 오던 구절들은 충분히 묵상할 수 있도록 일부러 짧게 계획했습니다. 주의 깊게 그리고 기대감을 가지고 말씀을 읽으십시오. 읽으면서, 우리의 눈을 열어서 주님의 말씀에서 놀라운 진리를 보게 해달라고 기도하십시오.

   내 눈을 열어서 주의 법의 기이한 것을 보게 하소서. 시편 119:18

   본문의 내용에서 발견한 놀라운 진리를 묵상하고 기록해 두십시오. 이러한 과정을 거칠 때 내용을 올바로 파악하고 잘못된 해석으로부터 보호를 받을 수 있습니다. 뿐만 아니라 이것은 하루 종일 그 말씀을 잊지 않게 해주는 길잡이도 될 것입니다. 하나님께서 당신에게 보여 주신 놀라운 진리들을 매일의 생활에 적용하십시오.

   나의 발견
   (본문에 대한 제목) _____

   나의 이해
   (본문에서 이해한 내용) _____
   _____
   _____

   나의 실천
   (하나님께서 개인적으로 말씀해 주신 것에 대한 적용) _____
   _____

3. ACTS의 원리를 따라 기도하십시오.

교제 계획 No. 10
날짜 _____

1. 기도로 마음을 준비하십시오.
2. 요한복음 2:13-25을 읽으십시오.
3. 나의 발견(제목) _____
   나의 이해 _____
   _____
   _____
   _____

   나의 실천 _____
   _____
   _____
   _____

4. ACTS의 원리를 따라 기도하십시오.

교제 계획 No. 11

날짜 _____

1. 기도로 마음을 준비하십시오.
2. 요한복음 3:1-15을 읽으십시오.
3. 나의 발견(제목) _____

   나의 이해 _____
   _____
   _____
   _____

   나의 실천 _____
   _____
   _____
   _____

4. 묵상을 잊지는 않으셨겠지요? 위의 빈칸은 단지 빈칸을 메우라고 둔 것이 아니라, 당신이 말씀을 묵상함으로써 주님과 더욱 친밀해질 수 있도록 돕기 위해 마련된 하나의 도구입니다. 기억을 새롭게 하기 위해 제4장 묵상 부분을 다시 복습하십시오. 서두르지 말고 충분한 시간을 들여 생각해 보십시오. 생각은 기술을 필요로 하는 일입니다.
5. ACTS의 원리를 따라 기도하십시오.

교제 계획 No. 12

날짜 _____

1. 기도로 마음을 준비하십시오.
2. 요한복음 3:16-21을 읽으십시오.
3. 나의 발견(제목) _____
   나의 이해 _____
   _____
   _____
   _____

   나의 실천 _____
   _____
   _____
   _____

4. ACTS의 원리를 따라 기도하십시오.

교제 계획 No. 13

날짜 _____

1. 기도로 마음을 준비하십시오.
2. 요한복음 3:22-36을 읽으십시오.
3. 나의 발견(제목) _____
   나의 이해 _____
   _____
   _____
   _____

   나의 실천 _____
   _____
   _____
   _____

4. ACTS의 원리를 따라 기도하십시오.

하나님과의 교제 시간 중에 교제와 직접 관련되지 않은 딴 생각들이 자꾸만 마음에 떠오르는 경우도 있습니다. 이런 생각들이 마음을 사로잡아 하나님의 말씀을 듣지 못하는 일이 없도록 주의를 기울이십시오. 이런 생각들을 다스리는 데 도움이 되는 한 가지 실제적인 방법은, 나중에 볼 수 있도록 일단 기록해 놓고 나서, 생각을 다시 하나님께로 돌리는 것입니다. 그런 목적으로 메모지나 수첩을 가까이에 두는 것도 좋습니다. 편지 쓰기나 심부름 등 오늘 해야 될 일들을 재빨리 적어 놓고 나서, 후에 그 우선순위를 결정하고 그에 따라 그날 예정 사항들을 다시 작성합니다. 이것은 단 5분이면 할 수 있는 일이지만 하루 종일 목표를 새롭게 해주고 방향을 분명히 해줍니다.

교제 계획 No. 14

날짜 _____

둘째 주에도 하나님과 만나 교제하는 것이 첫 주만큼 유익했습니까? 아마도 당신은 하나님과의 교제에 충분한 시간을 들이지 못했다는 사실을 발견했을 것입니다. 교제 계획표의 주어진 빈칸에 교제 시간을 적어 두십시오. 하나님과의 관계가 깊어질수록 하나님과 함께 보내는 시간은 점점 길어지게 될 것입니다.

1. 요한복음 1, 2, 3장을 복습하십시오. 각 장의 말씀들을 통하여 하나님께서 당신에게 나타내 보여 주신 진리들로는 어떤 것들이 있습니까? 이 진리들 가운데 개인적으로 당신에게 중요한 것이 있습니까? 그 이유는?

2. 이번 한 주 동안 당신에게 특별히 보여 주신 것들을 가지고 기도하십시오. 예수 그리스도에 대하여 새롭게 발견한 진리들을 기초로 당신은 어떤 행동을 취하겠습니까?

3. 하루 종일 기도로 하나님과 대화하며 함께하는 하루가 되도록 하십시오.

만일 우리가 우리 죄를 자백하면, 저는 미쁘시고 의로우사 우리 죄를 사하시며, 모든 불의에서 우리를 깨끗케 하실 것이요.   요한일서 1:9

교제 계획 No. 15

날짜 _____

하나님과의 교제 시간이 반드시 그날의 절정이어야만 하는 것은 아닙니다. 어떤 날은 하나님의 말씀을 생생하게 감동적으로 들을 수도 있겠지만, 어떤 날은 그렇지 않을 수도 있습니다. 하루를 살면서 종일토록 매 순간 주님의 인도하심에 민감하게 깨어 있도록 하십시오. 하나님과의 관계를 발전시켜 나가는 법을 배울 수 있는 한 가지 좋은 방법은 다른 사람들이 하나님과 가졌던 관계를 관찰해 보는 것입니다.

1. 하나님과의 교제 약속 세 번째 주의 목표는 하나님과 시편 기자와의 관계를 관찰하는 것입니다. 대부분의 시편은 다윗이 쓴 것입니다. 매일 한 편씩을 탐구하게 될 것입니다. 잠시 몇 분 동안 시편과 친숙해지는 시간을 가지십시오. 여기에 소개된 시편들을 찾아 대강 훑어보십시오. 제목이 있으면 제목도 읽어 보고, 눈길을 끄는 구절이 있으면 읽어도 보십시오.

2. 이러한 시간을 갖는 목적은 주간 목표를 마음 가운데 분명히 해두려는데 있습니다. 교제 계획표를 살펴보고 하나님께서 각 시편을 당신이 밝히 깨닫게 해주시도록 기도하십시오. 시편 기자가 하나님과 가졌던 관계는 당신이 하나님과 가지는 관계와 어떻게 다른지 볼 수 있게 해주시도록 기도하십시오. 어떻게 하면 당신도 하나님과 이와 같은 관계를 가질 수 있겠습니까?

3. 당신 앞에 놓여 있는 새로운 한 주를 기도로 하나님께 의탁하고 하나님과의 교제 약속을 지키겠다고 말씀드리십시오. 하나님과의 교제 시간을 다른 사람과 같이 가졌으면 좋겠다는 마음이 들 수도 있습니다. 주위에 하나님과의 관계를 발전시키고 싶어 하는 사람이 있으면, 함께 만나 각자 말씀을 읽고, 기도하고, 관찰한 내용을 나누는 시간을 가지십시오.

교제 계획 No. 16

날짜 _____

1. 기도로 마음을 준비하십시오.
2. 시편 1편을 읽으십시오.
   시편 기자와 하나님과의 관계를 보다 자세하게 살펴보기 위하여 당신의 마음에 와 닿은 말씀을 한 구절 택하십시오. 그 구절을 가지고 다음 질문에 답해 보십시오.

   중심 구절 _____

   이 구절 앞의 내용은? _____
   _____

   이 구절 뒤의 내용은? _____
   _____

   이 구절의 내용은? _____
   _____

   이 구절과 같은 내용을 보여 주는 다른 성경 구절은? _____
   _____

   이 구절에서 의문 나는 점이나 관찰한 내용은? _____
   _____
   _____

   이 구절에서 나의 삶에 개인적으로 적용할 것은? _____
   _____
   _____

3. 기도하십시오.

교제 계획 No. 17

날짜 _____

1. 기도로 마음을 준비하십시오.
2. 시편 5편을 읽으십시오.
   당신의 마음에 와 닿은 말씀을 한두 구절 택하여 다음 질문에 답하십시오.
   중심 구절 _____
   이 구절 앞의 내용은? _____

   이 구절 뒤의 내용은? _____

   이 구절의 내용은? _____

   이 구절과 같은 내용을 보여 주는 다른 성경 구절은? _____

   이 구절에서 의문 나는 점이나 관찰한 내용은? _____

   이 구절에서 나의 삶에 개인적으로 적용할 것은? _____

3. 기도하십시오.

교제 계획 No. 18

날짜 _____

1. 기도로 마음을 준비하십시오.
2. 시편 15편을 읽으십시오.
   당신의 마음에 와 닿은 말씀을 한두 구절 택하여 다음 질문에 답하십시오.

   중심 구절 _____

   이 구절 앞의 내용은? _____
   _____

   이 구절 뒤의 내용은? _____
   _____

   이 구절의 내용은? _____
   _____

   이 구절과 같은 내용을 보여 주는 다른 성경 구절은? _____
   _____

   이 구절에서 의문 나는 점이나 관찰한 내용은? _____
   _____
   _____

   이 구절에서 나의 삶에 개인적으로 적용할 것은? _____
   _____
   _____

3. 기도하십시오.

교제 계획 No. 19

날짜 _____

1. 기도로 마음을 준비하십시오.
2. 시편 23편을 읽으십시오.
   당신의 마음에 와 닿은 말씀을 한두 구절 택하여 다음 질문에 답하십시오.
   중심 구절 _____
   이 구절 앞의 내용은? _____
   _____
   이 구절 뒤의 내용은? _____
   _____
   이 구절의 내용은? _____
   _____
   이 구절과 같은 내용을 보여 주는 다른 성경 구절은? _____
   _____
   이 구절에서 의문 나는 점이나 관찰한 내용은? _____
   _____
   _____
   이 구절에서 나의 삶에 개인적으로 적용할 것은? _____
   _____
   _____

3. 기도하십시오.

교제 계획 No. 20

날짜 _____

1. 기도로 마음을 준비하십시오.
2. 시편 112편을 읽으십시오.
   당신의 마음에 와 닿은 말씀을 한두 구절 택하여 다음 질문에 답하십시오.

   중심 구절 _____

   이 구절 앞의 내용은? _____
   _____

   이 구절 뒤의 내용은? _____
   _____

   이 구절의 내용은? _____
   _____

   이 구절과 같은 내용을 보여 주는 다른 성경 구절은? _____
   _____

   이 구절에서 의문 나는 점이나 관찰한 내용은? _____
   _____
   _____

   이 구절에서 나의 삶에 개인적으로 적용할 것은? _____
   _____
   _____

3. 기도하십시오.

교제 계획 No. 21

날짜 _____

한 주 동안 시편 기자와 하나님과의 관계를 관찰한 것을 살펴보면, 당신 자신과 예수 그리스도와의 관계를 향상시키기 위하여 삶에서 적용할 수 있는 것들이 많이 있을 것입니다. 적용을 많이 하는 것이 중요한 게 아니라, 하나님께서 당신 마음에 심어 주시는 것을 적용하는 게 중요합니다.

1. 이제 지난주 하나님과의 교제 때 적용했던 것들을 가지고 기도하십시오. 그중에서 당신이 계속해야 할 필요가 있는 것을 한 가지 택하십시오. 이를 위해 하나님께 지혜를 구하십시오. 본문 말씀을 다시 읽고, 하나님의 생각과 뜻을 분명하게 보여 주시도록 기도하십시오. 당신은 이 적용을 어떻게 행동으로 옮기겠습니까?

2. 다른 사람이 하나님과 가진 관계를 관찰해 본 결과 당신과 하나님과의 관계를 발전시킬 수 있는 아이디어들을 얻는 데 도움이 되었습니까? 어떤 아이디어들을 얻었습니까?

3. 당신은 지속적으로 하나님께 감사 기도를 하고 있습니까? 예를 들어, 당신에게 베푸시는 하나님의 사랑이 얼마나 감사한지 감사하는 기도를 합니까? 이번 주에 당신이 하나님께 감사했던 일로는 어떤 것들이 있습니까?

교제 계획 No. 22

날짜 _____

하나님의 말씀은 당신에게 매우 중요합니다. 예수님께서는 "기록되었으되, '사람이 떡으로만 살 것이 아니요 하나님의 입으로 나오는 모든 말씀으로 살 것이라' 하였느니라"(마태복음 4:4)고 말씀하셨습니다. 하나님의 말씀은 생명을 줄 뿐 아니라 생명 그 자체입니다. 날마다 계속해서 점점 더 하나님을 알아 가십시오. 하나님께서 말씀을 통해 당신의 삶에 역사하시도록 해드리십시오. 성경을 읽을 때 하나님의 생각이 당신 영혼의 가장 깊은 구석까지 스며들어 갈 수 있도록 충분한 시간을 들이십시오. 당신의 성품과 삶을 하나님의 말씀에 비추어 깊이 생각해 보십시오.

1. 하나님과의 교제 약속 제4주에는 제4장에 설명되어 있는 여러 가지 방법 즉 경배, 기도, 하나님의 말씀, 묵상, 적용 중에서 매일 한 가지씩 집중적으로 다룰 것입니다.
2. 금주의 계획을 잘 알아 두고, 하나님께서 당신으로 하여금 이 계획의 중요한 내용들을 잘 이해할 수 있도록 도와주시기를 기도하십시오.
3. 당신 앞에 놓여 있는 새로운 한 주를 기도로써 하나님께 맡기고, 하나님께서 이번 주간에 행하실 일에 대하여 기대하는 마음을 주시도록 구하십시오.

교제 계획 No. 23

날짜 _____

1. 기도로 마음을 준비하십시오.
2. 시편 145-150편 중에서 하나를 택하십시오.

   주제 : 경배 - 하나님이 어떤 분이시며 무슨 일을 하셨는가를 깨닫고 인정하는 것.

3. 바쁘게 살아가다 보면 하나님께 대한 경배를 게을리 하기 쉽습니다. 오늘 읽을 시편을 한 편 택하여 소리 내어 읽으십시오. 자신이 경배하는 소리를 스스로 들을 때 설명하기 어려운 어떤 일이 일어납니다. 시편 145편에서 150편까지는 주로 찬양의 시입니다. 하나님께 찬양을 드리십시오. 오직 하나님만이 찬양을 받으시기에 합당하신 분이십니다. 145편에서 150편까지를 다 읽고 싶으면 그렇게 하십시오. 소리 내어 읽도록 하십시오.
4. 하나님을 알고 경배하는 마음을 주시도록 하나님께 기도하십시오. 하나님께서 찬양을 받으시기에 합당한 분이신 이유를 아래 여백에 적어 보십시오.

교제 계획 No. 24

날짜 _____

1. 기도로 마음을 준비하십시오.
2. 마태복음 6:9-13을 읽으십시오.

   주제 : 기도 - 사람이 하나님과 의사소통을 하는 방법.

3. 당신은 기도의 여러 가지 내용(ACTS)에 대해 이미 잘 알고 있을 것입니다. 오늘 아침 하나님과의 교제 시간에는 기도라는 주제에 초점을 맞추어 생각해 보겠습니다. 먼저 오늘의 말씀을 여러 번 읽고 예수 그리스도께서 가르쳐 주신 기도를 깊이 묵상해 보십시오.
4. 다음 질문에 답하십시오.
   여기에서 찾아볼 수 있는 기도의 내용으로는 어떤 것들이 있습니까?
   _____

   이 내용을 어떻게 당신의 기도 생활에 활용할 수 있겠습니까?
   _____
   _____

   당신은 이 기도가 본받아야 할 하나의 예라고 생각합니까, 아니면 문자 그대로 해야 할 기도라고 생각합니까, 아니면 두 가지 다 해당된다고 봅니까?
   _____

5. 예수님께서 가르쳐 주신 이 기도에서 새롭게 배운 사실들을 활용하여 기도하십시오.

교제 계획 No. 25

날짜 _____

1. 기도로 마음을 준비하십시오.
2. 시편 119:9-16을 읽으십시오.

   주제 : 하나님의 말씀인 성경 - 인간에게 해주신 하나님의 말씀.

3. 성경은 당신에게 얼마나 중요합니까? 당신에게 매우 소중한 성경에 대하여 당신은 무엇을 하겠습니까? 본문 말씀을 읽고 다음 질문에 답하십시오.
   우리의 행실을 깨끗케 하려면 어떻게 해야 합니까?
   _____

   하나님의 말씀에서 떠나지 않으려면 어떻게 해야 합니까?
   _____

   하나님의 말씀을 당신의 마음에 둔다는 말은 무슨 뜻입니까?
   _____

   하나님의 말씀을 묵상하는 것은 왜 중요합니까?
   _____

   어떻게 하면 하나님의 말씀을 잊지 않고 간직할 수 있겠습니까?
   _____

4. 하나님의 말씀을 즐거워하는 마음을 주시도록 하나님께 기도하십시오.

   하나님의 말씀을 잊지 않도록 해주는 실제적인 방법은 암송입니다. 네비게이토 출판사에서 발행한 주제별 성경 암송 시리즈는 하나님의 말씀을 마음에 간직하는 데 많은 도움을 줍니다. 특히, **주제별 성경암송**(60구절)에는 그리스도인의 실생활에 필요한 30가지의 주제에 대한 말씀이 들어 있습니다.

교제 계획 No. 26

날짜 _____

1. 기도로 마음을 준비하십시오.
2. 로마서 4:20-21을 읽으십시오.

   주제 : 묵상 - 예수님의 생명을 나의 영적 핏줄 속으로 흡수하는 과정.

3. 묵상의 방법에는 여러 가지가 있습니다. 특히 본문 말씀 중에서 반복되어 나타나는 단어나 어구, 또는 개념이 무엇인지 유의해서 살펴보십시오. 그것은 분석과 묵상의 열쇠가 됩니다. 때로 그것의 비슷한 말이나 반대말을 찾아보면 의미를 명확하게 이해하는 데 많은 도움이 됩니다. 어떤 방법이든 한번 시도해 보십시오. 이렇게 반복되어 나타나는 것들을 깊이 묵상함으로 본문의 깊은 의미를 깨달을 수 있도록 하나님의 지도를 구하십시오.
   이 구절을 가지고 기도하십시오. 여러 번 반복해서 읽으십시오. 특별히 당신의 마음에 와 닿은 부분에는 밑줄을 그으십시오.

   예: "**약속**하신 그것을 또한 능히 **이루실 줄을 확신**하였으니"(21절).

4. 기도하는 가운데 다음 질문을 해보십시오.
   나는 하나님이 성경에서 하신 말씀을 진리라고 **확신**하는가?
   내가 최근에 주장하고 있는 하나님의 **약속**은 무엇인가?
   나는 하나님께서 이 약속을 능히 **이루실** 줄을 믿는가?

교제 계획 No. 27

날짜 _____

1. 기도로 마음을 준비하십시오.
2. 시편 139:23-24을 읽으십시오.

   주제 : **적용** - 하나님께서 당신에게 말씀해 주신 바를 실천으로 옮기는 것.

3. 자유 분방한 오늘날의 사회에서는 무엇이 죄고 무엇이 죄가 아닌지를 분간하기 어려운 때가 종종 있습니다. 사람들이 세속적인 삶에 어찌나 철저히 물이 들었는지 진리가 모호해질 때가 자주 있습니다. 지난 4주 동안 당신은 도대체 죄가 무엇이냐는 것에 대한 의문을 가지게 되었을 지도 모르겠습니다. 죄란 무엇이며 당신의 생활 가운데서 어떻게 나타납니까? 오늘의 말씀을 묵상하는 가운데 그 답을 찾아보십시오.
4. 당신은 이 말씀과 같이 기도할 수도 있고, 하나님의 말씀을 당신의 생활에 적용할 수 있게 해주시기를 구할 수도 있습니다. 성령께서는 당신이 자백하지 않은 죄를 성실히 깨우쳐 주실 것입니다. 당신이 구하고 있는 것을 자세히 살펴보십시오. 당신은 하나님께서 구체적으로 죄라고 나타내 보여 주시는 것을 기꺼이 버리시겠습니까?
5. 이 말씀을 암송해서 활용해 보십시오.

교제 계획 No. 28

날짜 _____

지난 한 주간 어떻게 보내셨습니까? 당신은 하나님과의 교제 시간 중에 하나님이 받으시기에 합당한 찬양과 영광을 계속 하나님께 돌렸습니까? 당신은 하루의 생활을 통하여 하나님께 찬양과 영광을 돌리기가 하나님과의 교제 시간 중에 입술로 하나님을 찬양하는 것보다 더 어렵다는 사실을 깨달았습니까? 하나님께서는 늘 당신과 함께하신다는 사실을 기억하십시오. "내가 과연 너희를 버리지 아니하고 과연 너희를 떠나지 아니하리라"(히브리서 13:5).

1. 자, 이제는 지금까지 당신이 기록한 "하나님과의 교제" 일기를 다시 한 번 훑어보십시오. 당신이 이번 주에 집중적으로 묵상했던 각 주제들이 지난 4주 동안 하나님과 가졌던 모든 교제에서 실제로 다루어졌던 것임을 주목하십시오.
2. 이번 주에 다루었던 주제들 가운데 한 가지를 택하고, 당신의 삶 가운데서 특히 이 영역을 발전시켜 나갈 수 있도록 부지런함과 지혜를 주시도록 하나님께 구하십시오.
3. 당신이 경배, 기도, 하나님의 말씀, 묵상, 적용 면에서 계속 성장해 나가기 위해 무엇을 할 수 있겠습니까?

교제 계획 No. 29

날짜 _____

살아 계신 하나님과 함께 교제의 시간을 보낸다는 것은 얼마나 흥미진진한 모험입니까? 당신은 하나님과의 교제 시간을 계속 가지고 싶을 것입니다. 하나님과의 교제는 계획된 시간에 국한될 필요가 없다는 사실을 명심하십시오. 늘 하나님께 마음을 열어 놓고 하나님과 교제하는 시간을 가지십시오. 하나님께서는 언제든지 당신을 만날 준비를 하고 계십니다. 하나님과의 교제가 율법적으로 되지 않도록 주의하십시오. 목표는 하나님과 주 예수 그리스도를 아는 데 있는 것이지 무의미한 형식을 지키는 데 있지 않다는 사실을 기억하십시오. 아침에 갖는 교제 시간은 하나님과 집중적으로 교제를 갖는 시간입니다. 그리고 나서 나머지 시간 즉 하루 전체를 하나님과 함께 보내기 바랍니다.

1. 오늘 교제의 목표는 당신이 지금부터는 어떤 방향으로 교제 계획을 세울 것인가를 결정하는 데 있습니다. 당신이 가졌던 교제 계획표를 살펴보면 하나님과의 교제 시간에 매주 다른 방법들이 사용되었다는 사실을 알 수 있을 것입니다.

　　첫째 주에는 기도의 여러 내용에 대한 시야를 넓히기 위해 첫 글자를 따서 만든 ACTS를 기도의 지침으로 사용하는 데 중점을 두었습니다. 매일 읽을 성경 말씀들은 하나님께서 그 말씀들을 통하여 당신에게 개인적으로 말씀해 주실 수 있도록 하는 데 역점을 두어서 짧게 잡았습니다. 앞으로도 이와 같이 짧은 구절들을 가지고 집중적으로 깊이 있는 묵상을 해나가시기를 바랍니다.

　　둘째 주에는 하나님과 가진 교제 내용을 '경건의 일기'에 기록하는 방법을 소개하여 주어진 난에 해당 내용을 기록하는 데 중점을 두었습니다. 그 목적은 특별한 주제를 묵상할 수 있도록 돕는 데 두었습니다. 이 한 주 동안 당신은 개인적인 필요를 따라 어떤 특별한 주제를 가지고 기도하고 묵상할 것인가를 선택하는 기회를 가졌습니다.

　셋째 주에는 성경의 한 장 가운데서 핵심 구절에 초점을 맞추었습니다. 교제 시간에 나온 말씀들 가운데서 어느 한 구절을 선택해도 좋습니다. 그 구절을 가지고 분석하고 묵상하는 것입니다.

　넷째 주에는 특별한 주제에 초점을 맞추어 경건의 시간을 가지는 방법을 중점적으로 다루었습니다. 이 방법은 당신이 흥미를 느끼고 있는 주제들을 마음대로 선택할 수 있어서 좋습니다. 이 방법은 제6장에 좀 더 상세히 설명되어 있습니다.

2. 다음 주에는 무엇을 할 것인가 계획하십시오. 어떤 성경 말씀을 보며, 어떤 방법을 사용할 것인가를 결정하십시오.
3. 모든 방법을 한꺼번에 다 사용할 수는 없습니다. 하나님의 인도하심을 구하고 기도하십시오. 교제 계획에는 늘 융통성이 있어야 한다는 사실을 명심하십시오. 하나님과의 교제 시간에 사용할 수 있는 방법은 대단히 많습니다. 그 다양한 방법들을 교제에 활용하십시오. 창의력을 발휘해 보십시오. 그리스도와의 관계를 세우는 데 필수적인 요소들을 검토해 보고 그것들을 활용하여 자신의 방법을 고안하여 사용해 보십시오. 앞으로 당신이 활용하면 유익한 다른 방법들이 제6장에 설명되어 있습니다.
4. 각 방법마다 당신 나름대로 개인적인 손질을 가하도록 하십시오. 당신 나름대로의 일기를 만들어 써도 좋습니다. 목표를 이루기 위해서는 계획을 세우고, 목표에 도달한 후에는 평가를 하십시오. 다음에 할 하나님과의 교제 약속을 위한 보다 효과적인 계획을 세울 수 있도록 하기 위해서입니다.

내 안에 거하라. 나도 너희 안에 거하리라.
가지가 포도나무에 붙어 있지 아니하면 절로 과실을
맺을 수 없음같이 너희도 내 안에 있지 아니하면 그러하리라.

나는 포도나무요 너희는 가지니, 저가 내 안에
내가 저 안에 있으면 이 사람은 과실을 많이 맺나니
나를 떠나서는 너희가 아무것도 할 수 없음이라. (요 15:4-5)

본 출판사의 서면 허락 없이는 본서의 전부 또는
일부의 무단 복제, 또는 원문에 대한 무단 번역을 금합니다.

경건의 시간

초판 1쇄 발행: 1985년 5월 1일
개정 1쇄 발행: 2004년 10월 20일
개정 3쇄 발행: 2023년 3월 15일

펴낸곳: 네비게이토 출판사 ⓒ
주소: 03784 서울시 서대문 연희로 16 (창천동)
전화: 334-3305(대표), 334-3037(주문), FAX: 334-3119
홈페이지 http://navpress.co.kr
출판등록: 제10-111호(1973년 3월 12일)

ISBN 978-89-375-0274-3 03230